浙江智库
ZHEJIANG
THINK TANK

浙江省重点培育智库——中国计量大学"一带
浙江省基础公益研究计划项目资助（立项编号
中国计量大学经济与管理学院特色文库工程

区域质量发展指数构建及应用研究

周立军 杨静 著

Research on the Construction and
Application of Regional
Quality Development Index

中国财经出版传媒集团
经济科学出版社
Economic Science Press

图书在版编目（CIP）数据

区域质量发展指数构建及应用研究／周立军，杨静
著．—北京：经济科学出版社，2021.11
ISBN 978 - 7 - 5218 - 2791 - 0

Ⅰ.①区… Ⅱ.①周… ②杨… Ⅲ.①区域经济发展
- 研究 - 中国 Ⅳ.①F127

中国版本图书馆 CIP 数据核字（2021）第 167194 号

责任编辑：周胜婷
责任校对：王京宁
责任印制：张佳裕

区域质量发展指数构建及应用研究

周立军 杨 静 著

经济科学出版社出版、发行 新华书店经销
社址：北京市海淀区阜成路甲 28 号 邮编：100142
总编部电话：010 - 88191217 发行部电话：010 - 88191522
网址：www. esp. com. cn
电子邮箱：esp@ esp. com. cn
天猫网店：经济科学出版社旗舰店
网址：http://jjkxcbs. tmall. com
固安华明印业有限公司印装
710 × 1000 16 开 9. 25 印张 200000 字
2021 年 11 月第 1 版 2021 年 11 月第 1 次印刷
ISBN 978 - 7 - 5218 - 2791 - 0 定价：58. 00 元
（图书出现印装问题，本社负责调换。电话：010 - 88191510）
（版权所有 侵权必究 打击盗版 举报热线：010 - 88191661
QQ：2242791300 营销中心电话：010 - 88191537
电子邮箱：dbts@ esp. com. cn）

序

　　党的第十九次全国代表大会首次提出"高质量发展"表述，明确"中国经济由高速增长阶段转向高质量发展"，我国经济发展自此进入新时代。2020年10月，党的十九届五中全会指出"我国已进入高质量发展阶段"，这一表述的变化意味着"高质量发展"进一步从经济的高质量发展转向了全面高质量发展的新阶段，要实现全方位提升、系统化提升、持续性提升。

　　"质量发展"是"质量"从微观到宏观、从产品和服务要求到社会全面发展要求的内涵扩展，是我国将质量纳入战略高度，从质量振兴、质量发展到高质量发展三个阶段中积累的实践贡献。质量发展具有宏观性、高阶性的特征，需要突破已有的评价思路，引入科学的评价方法，形成系统的评价机制，这不仅是对质量数据进行全面积累和实现持续改进的基础，更能成为传播质量理念、建立质量信心的有效载体。

　　我国在国家层面、地区层面关于质量水平的评价大致经历了三个阶段。第一阶段，产品质量合格率分析，各地主要根据产品质量监督抽查情况进行合格率分析，指标单一，覆盖范围仅限于产品质量且多以消费品为主。第二阶段，质量竞争力评价探索，评价内容较为丰富、具体，体现了当时我国制造大国发展的时代要求，但其范围只涉及制造业，不够全面。第三阶段，宏观质量分析报告发布，这是在2012年发布的《质量发展纲要》推动下各地有关部门的一项工作任务，但多数报告以定性分析为主，主要侧重于相关职能部门在产品、服务、环境以及工程领域的质量安全和质量保障等方面所做的工作，内容比较宽泛、信息挖掘不够透彻。

　　2015~2020年，笔者持续承担了每年一度的杭州市《余杭区质量白皮书》的研制、编写及发布工作，在项目完成过程中持续加深对区域质量发展问题的理解，深刻感受到地方鲜活的实践，这促使我们从理论上不断完善，进而系统梳理区域质量发展评价体系。本书基于 6 年的实践探索、1 年多的理论提升而形成，旨在推进质量发展评价的探索，以促进质量发展数据的积累、持续改进的实施和质量声音的广泛传播，呼唤各界对质量信息给予更多关注。

本书可能在以下方面有所贡献：第一，在全面梳理质量概念从符合性质量、适用性质量到经营质量演进的基础上，结合中国高质量发展"宏观性"和"高阶性"属性，提出"发展质量"的新阶段，体现了中国对质量认知的贡献。第二，基于我国质量发展政策变迁，提出评价质量的产品质量、服务质量、工程质量、环境质量和质量创新五个维度，体现了中国实践与质量管理理论发展的契合。第三，构建了由 5 个维度、26 个指标构成的评价体系，并以杭州为对象进行了实证，验证了指标体系的可行性及科学性，并就数据获取、报告发布以及在县域层次上的分析等应用问题给出了建议。

本书是实践基础上的升华，感谢杭州市余杭区市场监管局等部门在项目完成中给予的支持，以及对区域质量发展实践的见解带给我们的启示。本书也是团队研究成果的体现。感谢我的合作伙伴杨静老师的努力，一起完成了本书。感谢我的研究生张力伟、邵吕深、陆正丰多年在数据收集、指数计算方面所做的工作；感谢研究生王丹丹在我国质量政策发展方面所做的资料收集及分析工作；感谢研究生刘思薇在质量概念演化方面所做的梳理工作。

周立军
2021 年 6 月于杭州

目　　录

第1章 绪 言

1.1 我国质量发展演进：从质量振兴、质量发展到高质量发展

20世纪90年代以来，我国经历了跨越式发展，尤其是制造业发展突飞猛进，工业增加值由1995年的2.47万亿元，到2000年的3.96万亿元、2005年的7.62万亿元、2010年的16万亿元、2015年的22.9万亿元和2020年的31.31万亿元[①]。我国已经建成了独立完整的现代工业体系，拥有41个工业大类、207个工业中类、666个工业小类，是全世界唯一拥有联合国产业分类中所列全部工业门类的国家[②]。在全球500多种主要工业产品中，中国有220多种工业产品的产量位居第一，并从2010年以来连续11年成为世界最大的制造业国家，对世界制造业的贡献达30%[③]。

在中国经济规模不断扩展的过程中，各界越来越意识到质量的重要性，

---

① 资料来源于我国历年的《全国年度统计公报》。

② 王政. 我国已成为全世界唯一拥有全部工业门类的国家 [EB/OL]. http：//cn. chinadaily. com. cn/a/201909/21/WS5d88199aa31099ab995e1826. html.

③ 工信部：我国连续11年成为世界最大的制造业国家 [EB/OL]. http：//china. cnr. cn/news/ 20210302/t20210302_525424946. shtml.

并不断通过政策推进各领域对质量的认知，推动质量水平提升。其中，1996 年国务院发布的《质量振兴纲要（1996 年—2010 年）》、2012 年 6 月国务院印发的《质量发展纲要（2011—2020 年）》、2017 年 9 月中共中央及国务院联合印发的《关于开展质量提升行动的指导意见》三项政策具有里程碑意义，把中国质量从"质量振兴"推向"质量发展"，再推向"高质量发展"。

在质量振兴阶段，我国提出"质量问题是经济发展中的战略问题"，明确产品质量、服务质量、工程质量三大实体质量的建设目标，聚焦产业整体素质和企业质量管理水平，关注主要工业产品质量的提升、国家标准的执行、全面质量意识的提升、强化质量执法等问题。

在质量发展阶段，我国以科学发展观为基本理念，提出"质量发展是兴国之道、强国之策"，明确"以人为本，安全为先，诚信守法，夯实基础，创新驱动，以质取胜"的方针和建设质量强国的目标。《质量发展纲要（2011—2020 年）》围绕产品质量、工程和服务质量提出了具体的量化目标，重点关注企业质量主体作用、质量安全风险管理、创新质量发展机制等问题，并指出要"将质量安全和质量发展纳入地方各级人民政府绩效考核评价内容"，这也实质性推动了各地质量评价的探索和实践。

2017 年，中共中央及国务院印发的《关于开展质量提升行动的指导意见》开篇即提出"提高供给质量是供给侧结构性改革的主攻方向"，要"将质量强国战略放在更加突出的位置"，明确了质量强国建设目标不仅要明显提升产品质量、工程质量和服务质量三大实体质量，也应重视产业发展、区域质量水平等宏观质量，并从消费品提质升级、装备制造竞争力提升、原材料质量水平提升、工程及服务质量提升、公共服务质量水平提升、破除质量瓶颈、打造中国品牌等方面进行了更加系统的任务分解，质量建设更加具体和务实。

2017 年 10 月，党的十九大报告提出"我国经济已由高速增长阶段转向高质量发展阶段"，新的发展阶段中质量是关键；要进行"质量变革、效率变革、动力变革"，三大变革中质量变革居首位，这已在各界达成共识。

2020 年 10 月，党的十九届五中全会指出，"我国已进入高质量发展阶段"。这意味着"高质量发展"已从经济的高质量发展进入了全面高质量发展的新阶段，国家要实现全方位提升、系统化提升、持续性提升。

1.2 宏观质量评价实践：从产品质量分析、质量竞争力评价到质量发展评价

我国国家层面、地区层面的关于质量水平的分析、评价和报告，大致经历了三个阶段。第一阶段，以产品质量分析为主，各地主要依据国家、省、市、区县各级监管部门的产品质量监督抽查情况进行合格率分析，分析频度有季度、半年度、年度等多种情况，但整体而言指标单一、覆盖范围仅限于产品质量，且多以消费品为主。

第二阶段，质量竞争力评价的探索。2004 年国家宏观质量水平评价指标体系研究课题组提出质量竞争力评价体系 MQCI（具体见本书第 4 章表 4-2），经过 1 年试运行后，国家质量技术监督检验检疫总局于 2005 年开始连续公开发布《全国制造业质量竞争力指数公报》，深圳、厦门等城市也进行了本地的制造业质量竞争力评价。质量竞争力评价从单一的产品质量合格率，扩展到质量水平和质量发展 2 个维度，标准与技术水平、质量管理水平、质量监督与检验水平、研发与技术改造能力、核心技术能力和市场适应能力等 6 个方面，以及产品质量等级率、产品监督抽查合格率、质量损失率等 12 个观测点。评价内容更加丰富、具体，较好地满足了当时我国制造大国发展的时代要求。但其范围只涉及制造业，其中部分指标如微电子控制设备比重、质量损失率、平均产品销售收入、国际市场销售率等，在数据统计、获取方面均有一定难度，该体系的应用也因此受到一定局限。

第三阶段，宏观质量分析报告发布。2012 年发布的《质量发展纲要（2011—2020 年）》要求"各地方、各行业要结合实际情况，建立和完善质量状况分析报告制度，定期评估分析质量状况及质量竞争力水平，比较研究国内外质量发展趋势，为宏观经济决策提供依据"。这推动了宏观质量分析由产品质量分析向多领域发展。地区产品质量报告的定期公布也逐步成为一种新

的趋势，这种公开报告通常以"产品质量状况分析报告""质量白皮书""宏观质量分析报告"等不同形式出现。但从整体看，多数报告以定性分析为主，主要侧重于相关职能部门在产品、服务、环境、工程领域质量安全、质量保障等方面所做的工作，内容比较宽泛、挖掘信息不够透彻。

1.3　区域质量发展评价的改进

尽管各地在宏观质量分析方面进行了一定的实践和探索，但不够成熟，也存在一些问题。目前产品质量信息以各地市场监管部门不定期发布的产品监督抽查情况通报为主，环境质量以各地生态环境部门按年度发布的环境公报为主；工程质量、服务质量的信息比较缺乏；报告内容较为空泛，在理论指导下对区域质量发展进行系统评价分析的报告不多，量化分析主要还是集中在监督抽查合格率上，其他数据信息较为零散，系统性和持续性均有待改进；多数报告的数据分析以简单的统计分析以及占比、增长率为主，少数进行了区域间的对比分析、时间序列的趋势分析，运用其他方法进行数据挖掘，多角度呈现质量发展现状并为各领域质量改进提供决策支撑的能力尚不充分。

1.3.1　区域质量发展评价是质量数据全面积累的平台

我国目前反映产品质量、服务质量、环境质量、工程质量、质量创新方面的评价总体比较薄弱。其中，环境质量的评价对象相对明确，测量指标比较成熟，多数地区定期发布环境公报，数据积累比较全面也比较系统。反映产品质量的数据中，产品质量监督抽查合格率应用时间长，数据完整且具有区域间的可比性；但品牌商标、执行标准水平、质量违法记录、消费者投诉等数据主要掌握在各地市场监管部门手中，数据不公开，获取有一定难度。反映服务质量的数据较为欠缺，基础薄弱。反映工程质量安全的数据相对完整，但反映质量水平的数据有待提升。反映质量创新能力的数据中，如 R&D 经费投入强度、新产品产值率、各类专利授权量等可通过统计年鉴获得，反映标准化能力和质量管理能力的数据也基本掌握在市场监管部门手中。

因此，通过区域质量发展评价，既可全面积累产品质量、服务质量、环境质量、工程质量、质量创新各方面的数据，也可以通过评价实践探索设计、采集更有应用价值的信息，不断推动质量发展评价数据的丰富化、持续性发展，为客观、真实评价区域质量发展水平奠定数据基础。

1.3.2　区域质量发展评价是质量持续改进的坚实基础

根据"策划—执行—检查—改进（PDCA）"思想，持续改进的基础是科学的测量、分析与评价。探索开展质量发展评价的目的不仅在于回顾和总结，更重要的是通过分析评价，发现改进空间，为各领域在趋势分析、对比分析、对标分析的基础上精准施策、有效提升质量水平，提供有价值的决策依据。

我国的发展方向是在全面建成小康社会取得的历史性成就基础上推进共同富裕，但发展的不平衡仍须关注，这种不平衡体现在不同区域之间，更体现于城乡之间。以区域为基础开展持续的质量发展评价，一方面，可以系统跟踪本区域产品质量、服务质量、工程质量、环境质量及质量创新各方面的演化轨迹，把握发展趋势，并进一步细化到不同领域、不同地市/区县的具体情况，通过区域间比较分析、指标结构分析等，客观分析具有改进空间的区域及领域，为制定更有效的措施提供方向；另一方面，可以在基础数据分析的基础上，进行关联信息的分析，更加具体地研究本区域质量发展的关键领域、关键问题，为实施针对性的改进提供支撑。

1.3.3　区域质量发展报告发布是传播质量好声音的有效载体

质量发展评价，不仅是工作总结，用于职能部门内部交流，同时也是一个向各界乃至社会公众展示质量发展成果、传播质量声音、提升全民质量意识的好载体。因此各区域可结合当地实际情况，探索多种形式的区域质量发展报告的发布方式，吸引更多群体关注本区域质量发展现状，凝聚更多力量共同为提高质量发展水平献计献策，真正营造人人关注质量、人人崇尚质量、人人追求质量的良好氛围。

1.4　本书的研究内容及逻辑

以区域为研究对象进行质量发展水平评价是一项具有一定挑战性的工作，也是一项具有较强实践意义的工作。本书的第 2～6 章，沿着"指数体系构建—实证验证—应用建议"的逻辑展开。

1.4.1　质量发展的内涵研究

本书从质量概念的变迁视角，分析在经济社会发展过程中质量在主体、需求、经济性三个维度上的内涵演化；从质量管理的变迁视角，分析质量检验、过程质量管理、全面质量控制、全面质量管理 4 个阶段的典型观点，以及质量管理的特征、实践中的关注焦点及质量应用特点等方面的内容；进而结合中国宏观质量发展的实践，梳理高质量发展新阶段的质量属性及特征。

1.4.2　质量发展评价的内涵研究

本书系统收集了 1996 年以来国务院等各级政府部门发布的质量相关文件，运用文本分析、政策工具分析方法，分析了不同政策文件的重点、目标及其在我国质量发展中发挥的关键作用，以《质量振兴纲要（1996 年—2010年）》《质量发展纲要（2011—2020 年）》《关于开展质量提升行动的指导意见》作为关键分割点，从质量振兴、质量发展、高质量发展三个阶段的政策迭代过程中梳理质量发展的内涵演化，初步确立了产品质量、服务质量、工程质量、环境质量和质量创新5个评价维度。

1.4.3　质量发展指数构建

在上述研究获得的5个质量评价维度的基础上，结合已有相关研究成果，确定了产品质量、服务质量、工程质量、环境质量和质量创新各维度的评价体系，明确了指标内涵及数据获取渠道。其中，产品质量指数考虑质量安全和质量发展两个方面，包括产品监督抽查合格率、质量违法记录、先进标准实施程度、品牌贡献度、消费者投诉率和顾客满意度等6个指标；质量创新能力指数考虑技术创新水平、标准化能力和质量管理成熟度3个方面，包括R&D经费投入强度、新产品产值率、专利贡献度、标准化投入、标准化活跃度、质量管理成熟度等6个指标；服务质量指数考虑宏观和微观2个层面，包括服务业增加值占GDP的比重、人均服务业增加值、社会零售总额和顾客满意度等4个指标；环境质量指数考虑客观环境要素指标和主观感知2个方面，包括环境空气质量、地表水环境质量、声环境质量、工业固体废物利用和环境质量满意度等5个指标；工程质量指数考虑工程质量安全、工程质量发展和工程质量满意3个方面，包括质量安全事故、行政处罚占比、工程质量创优和工程质量满意度等4个指标。

1.4.4　杭州市质量发展指数评价

在上述研究获得的质量发展指数评价体系的基础上，本书兼顾指数不同维度评价指标相关信息的全面性和数据获取的可行性，选择部分指标，获得杭州市质量发展指数评价体系，并以2019年的数据为例进行实证。从杭州市政府及其他政府部门公开网站上获取基础数据后，计算得到杭州市质量发展指数，并在此基础上进行趋势分析、结构分析、雷达图分析。

1.4.5　质量发展指数的应用

本书系统地梳理 21 世纪以来我国各地在质量分析报告编写、发布等方面的实践，分析存在的问题。从如何更好地应用本书所构建的质量发展指标体系角度，给出数据建设及维护、指标权重确定、质量指数分析、报告发布及传播方面的建议。

第 2 章　质量概念的演进及质量管理的发展

2.1　质量概念的演进

质量问题是伴随着人类文明进程不断发展变化的。周礼《考工记》中有"审曲面势，以饬五材，以辨民器，谓之百工"（曹海英，2014），其中"以辨民器"指的就是质量检验（韩福荣，2012；段远刚，2018），质量管理是人们在解决生产过程中存在的问题时的必要手段。《汉谟拉比法典》中规定，如果房屋坍塌导致人伤亡则造房子的人要被处死（W. 爱德华兹·戴明，2008），可见古埃及人对质量安全问题的重视；而在古埃及也曾设置"检查员"这样的角色来监督质量标准的执行。工业革命以来，在生产效率提升、竞争加剧、消费者需求日益多样化的推动下，企业意识到解决质量不良问题是发展的关键问题之一，并在解决这些问题的过程中对"质量"概念的认识不断加深，质量管理方法不断丰富，现代质量管理方法得以应用、发展和成熟。

在质量管理发展史上，美国质量管理专家菲利普·B. 克劳士比（Philip Crosby）、戴明（W. A. Deming）、约瑟夫·M. 朱兰（J. M. Juran）、V. 费根鲍姆（Feigenbaum），日本质量管理专家石川馨、久米均等，以及国际标准组织

ISO，对质量的解读具有代表性（见表2-1）。

人们对质量内涵的认知不断变迁，当代市场经济环境下对质量的理解更加丰富。

表2-1 质量的内涵

代表人物及组织	质量内涵
戴明	质量必须从客户的观点出发加以考虑；关心客户，知道他们需要什么，而做出超过他们期望的东西，才是真正的质量
朱兰	质量是指那些能满足顾客需求，从而使顾客感到满意的"产品特性"（R. W. 霍耶等，2002）
克劳士比	质量的定义就是符合要求（R. W. 霍耶等，2002）；质量系统的核心在于预防
费根鲍姆	质量包括产品本身和售后服务，是综合市场营销、工程控制、上游制造、产品维护等的复合体；同时质量应达到或者超过顾客的预期期望（林苑，2009）
石川馨	广义上，质量不仅指产品质量，还指工作质量、部门质量、人的质量、体系质量、公司质量、方针质量等（魏玉文，2004）。质量是通过开发、设计、生产等环节，提供最经济、最有用、买方满意地购买的优质产品（梁园，2016）
久米均	质量包括三个要素：商品质量（产品或服务满足顾客的要求）、过程质量（产品或服务的过程是否经济地进行）和社会质量（产品或服务的制造及使用中对第三者以及社会、环境不产生恶劣的影响）
ISO 9001：2015	一组内在属性满足要求的程度

（1）质量的主体维度。当代的质量问题，既包括产品等"点"上的质量问题，也包括过程等"线"上的质量问题，涉及更多职能和部门的体系或系统等"面"上的质量问题，以及由供应链质量关联起来的多个组织的"质量链"甚至"质量网"的问题。但质量的主体依然限定在产业层面，并且主要是制造业和服务业。自我国提出高质量发展理念以来，服务质量、工程质量、环境质量、发展质量问题得到普遍关注，质量的主体由微观到宏观，发生了阶跃。

（2）质量的需求维度。质量以满足要求为核心是共识。需要关注两个问题。第一个问题是"满足谁的要求"。最初认为应满足企业所规定的标准的要求，即"符合性质量"，这一理解更多是基于生产层面的考虑；市场竞争推动企业意识到应该满足顾客的需求，即"适用性质量"，这一理解更多的是基于销售层面的考虑；而随着全面质量理念的提出、卓越绩效模式的推广，企业认识到质量不仅要满足顾客需要，还要满足投资者、员工、合作伙伴以及社会等其他相关方的需要，这一理解更多是基于组织可持续发展层面的考虑。需求范围的扩大，是从"小质量"走向"大质量"的重要特征。第二个问题是"满足什么样的需求"。东京理工大学教授狩野纪昭（Noriaki Kano）发现产品性能与用户满意之间并非是线性关系，从而提出了 KANO 模型，认为产品质量存在理所应当的质量、期望质量、魅力质量、无关质量和逆向质量五种状态（范成文等，2019）。对于一个优秀的企业而言，谁能在"理所应当的质量"上做到无可厚非，在"期望质量"上超越竞争对手，在"魅力质量"上不断推陈出新，谁就将拥有质量竞争力。

（3）质量的经济性维度。朱兰系统性论证了对质量经济性进行分析的重要性，并认为，在次品上发生的成本像一座金矿，占销售收入的 10%～30%，占营业费用的 25%～40%，这就是著名的"矿中黄金"的概念（约瑟夫·朱兰，2014）。1957 年，菲根堡姆用货币语言写了一个关于质量管理相关费用与经济效益相关性的分析报告，受到了高层领导的高度重视，进而在 1961 年系统地提出质量成本管理理论。19 世纪 60 年代，克劳士比提出"零缺陷"的概念，主张"第一次就把事情做对"，认为降低成本的最好方法是缺陷预防，指出"质量是免费的"，并且质量是利润的重要贡献者（克劳士比，2011）。克劳士比认为质量成本包括不符合要求的代价（price of nonconformance，PONC）和符合要求的代价（price of conformance，POC）两部分（杨建曾，2007），在制造业中，PONC 的比例达 20% 以上，POC 大约是营业额的 3%～4%。显然，脱离经济性谈论质量水平的提升，动力不足；持续的质量改进是提升经济绩效的重要途径。

2.2　质量管理的发展阶段及特征

质量概念理解深化的同时推动了现代质量管理在理论研究和实践应用上的演进。被誉为"科学管理之父"的美国管理大师泰勒（Frederick Winslow Taylor）在其科学管理原理中提出职能分工，实现了质量检验职能的独立，休哈特（W. A. Shewhart）将统计技术应用于质量分析，大幅提升了质量管理的科学性，戴明提出了质量管理的 14 项原则，把质量的概念上升到哲学高度。从工业发达国家的发展历程来看，质量管理主要经历了检验质量管理、过程质量管理、全面质量控制和全面质量管理四个阶段（见表 2 - 2）。

表 2 - 2　　　　　　　　质量发展四个阶段的特征

阶段	时间	推动者	实施主体	采用的工具和方法
检验质量管理	20 世纪初至 30 年代末	泰勒	工长检验员	检验设备仪表100% 检验
过程质量管理	20 世纪 20 年代至 50 年代末	休哈特道奇罗米格戴明朱兰	质量工程师	统计技术质量控制图抽样检验
全面质量控制	20 世纪60 年代以来	菲根堡姆朱兰克劳士比	全员	TQMQC 小组零缺陷
全面质量管理	20 世纪80 年代以来	ISO	全员	卓越绩效模式6 西格玛

1. 检验质量管理阶段

20 世纪之前，产品质量完全由工人的技术、以往的工作经验、自身对质量的认识及把控能力决定，工人既是生产者也是质量检验者。20 世纪初，工业革命推动生产方式不断创新，随着机器化大生产和工厂制度的快速推行、劳动分工的细化，工作标准不一和效率低下问题凸显出来。"科学管理之父"泰勒基于在钢铁厂大量的管理实践，提出管理科学发展史上具有里程碑意义的"科学管理"理论，第一次将质量检验作为一种管理职能从生产过程中分离出来，这种生产与检验分离的约束机制对保证产品质量起到了重要作用，甚至是一个跨越性的进步。专职质量检验人员的出现，实现了设计、生产和检验的"三权分立"，产品质量问题得到反馈，大幅减少了不良产品流入市场的可能性。但是在质量检验时代的质量管理也存在明显的问题。首先，这一阶段的质量管理方法是"事后把关"，甚至被誉为是"死者验尸"式的检验，属于"非增值性"管理活动；其次，这一阶段的检验是"百分之百"检验，这种全数检验的方式必然带来成本的增加，这不仅在操作层面上难以真正实施，同时也给工厂带来财务压力，从经济性上看亟待改进。另外，当发现质量不良的产品时，原因分析未得到重视，不同环节、部门之间容易推诿、扯皮。

2. 过程质量管理阶段

20 世纪 20 年代至 50 年代末，为了解决质量检验的弊端，统计学方法被应用于质量管理，质量管理走向过程管理阶段。当时贝尔电话实验室开创了质量控制和预防质量缺陷的概念，乔治·爱德华（George Edward）和沃尔特·休哈特起到了重要作用。1924 年 5 月，休哈特设计出了世界上第一张控制图，主张应用统计技术从整个过程出发对生产的各个环节进行分析，以更科学地实现质量保证和质量改进，从而减少对单纯事后检验的依赖，这标志着质量管理进入"检验＋预防"阶段（邹华容，2012）。1930 年，贝尔实验室进一步通过统计抽样方法解决了破坏性检验和全数检验的困境。质量统计技术不仅为贝尔实验室带来了显著成效，甚至得到美国军方的关注和应用。

1946 年，美国质量控制协会（ASQC）成立。第二次世界大战加速了质量科技的发展，很多跨国公司实施了供应商认证计划，质量管理开始渗透到产品的设计环节。

尽管质量统计技术产生于美国，但在日本得到了更为深入、广泛和发展性的应用。1950 年，戴明、休哈特等美国质量管理大师受邀到日本与企业家交流，推动质量控制方法在日本企业的实践，并大幅提升了日本产品的质量竞争力。戴明因此被裕仁天皇授予二等"瑞宝奖"。1951 年美国质量管理大师朱兰提出"朱兰三部曲"，即质量策划、质量控制和质量改进，其权威著作《质量控制手册》多次再版，指导了全球企业的质量管理实践。

这一阶段的主要特点是：第一，由仅靠基于质量检验的事后把关，发展到基于统计技术的过程管理与事后控制相结合，质量管理的科学性体现出来，质量保证有了方法，也为预防性管理奠定基础。第二，随着质量统计技术的应用，实际上提高了对质量管理人员的要求，从质量检验人员到质量工程师，质量管理岗位不仅要设置"专职岗位"而且需要"专业技能"。第三，统计过程控制（SPC）理论、"戴明环"、"戴明十四法"、"朱兰三部曲"等理论的提出，标志着质量管理作为一个理论和学术问题得到关注。但是也应看到，由于 SPC 过分强调统计方法，质量问题的复杂性和多影响因素的共存性被忽视。

3. 全面质量控制阶段

20 世纪 60 年代全球经济快速发展，科技创新推陈出新，消费者运动推动对质量的认知由"符合性"走向"适用性"，质量管理理论也获得新发展。"系统工程"思想和方法进入质量管理领域，1961 年美国通用电气公司菲根堡姆出版的《全面质量管理》（*Total Quality Management*）具有标志性意义。尽管很多文献对这一阶段的总结在中文中采用了"全面质量管理"一词，但实质上这一阶段的核心是全面质量控制（TQC）。菲根堡姆认为"全面质量控制是为了能够在最经济并充分满足用户要求的条件下，进行市场研究、设计、生产和服务，将研发质量、维持质量和提高质量的活动整合为一个有效体系"（A. V. 菲根堡姆，1991）。全面质量控制的推行，必须满足全员、全过程、全方位和多方法即"三全一多"的基本要求。全面质量控制，把质量控制扩展到整个商业领域，质量管理的重心从纠正错误转向预防问题的发生。

TQC 思想和方法在全球得到认可和采用。尤其是日本，对诞生于美国的质量管理方法进行了创新性的实践和发展，开发了一些有效的质量管理工具，如质量管理小组（QCC）、5S 管理、田口方法、质量功能展开（QFD）等（王小羽，2010）。在推进多部门协同解决质量瓶颈问题、提升群众参与改进活动积极性、有效转化顾客需求、改进现场管理、降低质量管理成本、提升质量管理效益等方面具有重要价值。日本质量管理专家和实践者还归纳了质量管理直方图、调查表、因果图、控制图、散布图、分层法、排列图 7 种传统工具，发展了质量管理关联图、系统图、矩阵图、亲和图、矩阵数据解析法、PDPC 法及网络图新 7 大工具（刘宏，2006）。

4. 全面质量管理阶段

20 世纪 80 年代，全面质量管理实践进一步拓展，这期间，美国意识到日本质量竞争力的提升带来的紧迫感，开展了影响深远的质量意识运动，对质量管理的认识以及定位都更突出了对企业管理系统的作用，很多学者认为，1987 年具有里程碑意义，标志着质量管理由"全面的质量管理"走向"全面质量的管理"（马林等，2014），是真正的全面质量管理（TQM）。

全面质量管理阶段的质量管理理念呈现新的特点。第一，质量管理方法更加系统，科学性进一步提升，标准化组织对此进行了系统性梳理，并形成国际标准。国际标准化组织 ISO 发布了第一版质量管理体系标准。1987 年，美国著名的摩托罗拉公司基于零缺陷思想提出并实施 6 西格玛管理，运用改善（DMAIC）或设计（DFSS）的过程进行流程优化，为系统性地减少质量缺陷、降低质量成本、提升盈利能力和质量价值提供了有效的方法。美国著名的通用电气公司（GE）运用 6 西格玛管理方法在 20 世纪 90 年代获得了价值突破。第二，经营质量的理念形成，质量管理问题进入顶层设计甚至战略层面。美国在总结优秀企业经验的基础上，从质量竞争力的影响因素出发，构建了由领导、战略、顾客与市场、人力资源、过程管理、测量分析与知识管理以及经营绩效等 7 个要素形成的卓越绩效模式，并在 1987 年启动了美国波多里奇国家质量奖的评选，之后"卓越绩效模式"在全球得到推广。无论是卓越绩效模式还是 6 西格玛，均是基于系统管理思想对质量管理理论和方法的发展，是实现持续改进的管理哲学。

2.3　高质量发展新阶段

基于以上分析，我们看到伴随着人类文明进步、经济发展，"质量"的主体发生变迁，对质量的认知从微观走向宏观，质量观念发生了重大变化（见表 2 - 3）。如果说，符合性质量观念产生于供不应求的时代，其核心是产品应以达到企业自己制定的标准为目标；适用性质量观念是在市场竞争推动下企业形成以顾客为关注焦点的理念；经营质量观念体现了基于企业长期、可持续、全面发展的目标，以满足相关方需求为目的，质量从单纯的产品质量走向"产品质量＋过程质量＋体系质量＋工作质量"的更广阔的视角，体现了质量的"卓越性"和"全面性"；那么，发展质量则是以满足全社会不断发展的各方面的要求为目标，体现了质量的"宏观性"和"高阶性"。

表 2 - 3　　　　　　　　　　　质量发展四个阶段的特征

质量观念	满足谁的要求	质量属性
符合性质量	企业要求	符合性
适用性质量	顾客要求	适用性
经营质量	相关方要求	卓越性；全面性
发展质量	全社会要求	宏观性；高阶性

第3章 质量发展评价内涵及概念界定

3.1 我国质量发展评价：基于1996年以来质量政策的分析

我国政府始终重视质量问题，1996年国务院发布《质量振兴纲要（1996年—2010年）》，以"从根本上提高我国主要产业的整体素质和企业的质量管理水平"为核心目标，提出从"产品质量、服务质量、工程质量"三个方面推动质量"越上新台阶"①，这一政策的出台，具有划时代的重要意义。2012年6月，国务院印发《质量发展纲要（2011—2020年）》，以科学发展观为基本理念，首次提出"质量发展"的概念以及建设"质量强国"、让"质量发展惠及人民"的目标②。2016年中央经济工作会议上，李克强总理在分析我国经济面临的问题时，突出强调了继续推进供给侧结构性改革、提高供给

---

① 质量振兴纲要（1996年—2010年）［EB/OL］. https：//www.pkulaw.com/chl/60aef8098a14254 cbdfb. html.

② 国务院关于印发质量发展纲要（2011—2020年）的通知［EB/OL］. http：//www.gov.cn/ zhengce/content/2012-02/09/content_8351. htm.

质量等重点，2016 年的中央经济工作会议明确要求开展质量提升行动①。2017 年 9 月中共中央及国务院联合印发《关于开展质量提升行动的指导意见》，提出"质量第一"的价值导向，从"供给质量"的角度进一步深化了对质量发展的定位，即不仅要关注产品质量、工程质量和服务质量这三大以企业为主体的实体质量，也应重视产业发展、区域质量水平等宏观质量，以及标准、计量、检验检测、认证认可等质量基础设施②。2017 年 10 月在党的十九大报告中明确指出，在我国社会主要矛盾已转化为"人民日益增长的美好生活需要和不平衡不充分的发展之间的矛盾"，"我国经济已由高速增长阶段转向高质量发展阶段"的新时期，质量是关键；在提出的"推动经济发展质量变革、效率变革、动力变革"三大变革中，质量变革居首位。

基于此，本书判断 1996 年以来我国的质量政策呈现出清晰的三个阶段：1996～2011 年"质量振兴"阶段、2012～2016 年"质量发展"阶段、2017 年以来"高质量发展"阶段。三个发展阶段中，政策重点、解决的根本问题等均发生了很大变化。为进一步清晰梳理我国质量政策变迁中所体现的阶段特征，本书采用文本分析、政策工具组合等方法进行系统梳理，以解释其变化轨迹及特征。

3.1.1　政策筛选

本书所选取的"质量"相关政策文本，来源于"北大法宝"法律数据库、国务院政策文件库，以及其他部门官方网站。"质量振兴"阶段的政策收集以关于"质量"的政策文件为重点，"质量发展"阶段的政策收集以"质量发展"的政策文件为重点，"高质量发展"阶段的政策收集以"高质量发展"的政策文件为重点。政策筛选的标准包括：

---

① 中央经济工作会议在北京举行　习近平李克强作重要讲话［EB/OL］. http：//finance. people. com. cn/n1/2016/1216/c1004 - 28956355. html.

② 中共中央　国务院关于开展质量提升行动的指导意见［EB/OL］. http：//www. gov. cn/gong-bao/content/2017/content_5227802. htm.

（1）发文单位为中共中央、国务院以及国务院办公厅。

（2）政策类型为通知、意见、规划、纲要等，不包括关于质量发展的函、职能部门工作报告等。

截至 2020 年 9 月，按照上述流程及方法，共收集国家层面相关政策 25 份文件，其中第一阶段 8 份，第二阶段 6 份，第三阶段 11 份（见表 3 - 1）。

表 3 - 1　　　　　　　　　　　质量发展的相关政策文件

序号	文件名称	发文机构	发文日期
1	《质量振兴纲要（1996 年—2010 年）》	国务院	1996.12.24
2	《国务院办公厅关于加强基础设施工程质量管理的通知》	国务院办公厅	1999.2.13
3	《国务院办公厅转发建设部等部门关于推进住宅产业现代化提高住宅质量若干意见的通知》	国务院办公厅	1999.8.20
4	《国务院关于进一步加强产品质量工作若干问题的决定》	国务院	1999.12.5
5	《国务院关于加强产品质量和食品安全工作的通知》	国务院	2007.8.5
6	《国务院办公厅关于印发全国产品质量和食品安全专项整治行动方案的通知》	国务院办公厅	2007.8.22
7	《国务院办公厅转发环境保护部等部门关于推进大气污染联防联控工作改善区域空气质量指导意见的通知》	国务院办公厅	2010.5.11
8	《国务院办公厅关于进一步加强乳品质量安全工作的通知》	国务院办公厅	2010.9.16
9	《国务院关于印发质量发展纲要（2011—2020 年）的通知》	国务院	2012.2.6
10	《国务院办公厅关于印发贯彻实施质量发展纲要 2012 年行动计划的通知》	国务院办公厅	2012.4.28
11	《国务院办公厅关于印发贯彻实施质量发展纲要 2013 年行动计划的通知》	国务院办公厅	2013.2.27
12	《国务院办公厅关于印发贯彻实施质量发展纲要 2014 年行动计划的通知》	国务院办公厅	2014.4.12
13	《国务院办公厅关于印发贯彻实施质量发展纲要 2015 年行动计划的通知》	国务院办公厅	2015.3.29

续表

序号	文件名称	发文机构	发文日期
14	《国务院办公厅关于印发贯彻实施质量发展纲要2016年行动计划的通知》	国务院办公厅	2016.4.4
15	《中共中央 国务院关于开展质量提升行动的指导意见》	中共中央、国务院	2017.9.5
16	《国务院关于积极有效利用外资推动经济高质量发展若干措施的通知》	国务院	2018.6.10
17	《国务院关于推动创新创业高质量发展打造"双创"升级版的意见》	国务院	2018.9.18
18	《国务院关于促进综合保税区高水平开放高质量发展的若干意见》	国务院	2019.1.12
19	《国务院办公厅转发交通运输部等部门关于加快道路货运行业转型升级促进高质量发展意见的通知》	国务院办公厅	2019.4.21
20	《国务院办公厅关于促进全民健身和体育消费推动体育产业高质量发展的意见》	国务院办公厅	2019.9.4
21	《中共中央 国务院关于推进贸易高质量发展的指导意见》	中央国务院	2019.11.19
22	《国务院办公厅关于支持国家级新区深化改革创新加快推动高质量发展的指导意见》	国务院办公厅	2019.12.31
23	《国务院关于促进国家高新技术产业开发区高质量发展的若干意见》	国务院	2020.7.13
24	《国务院关于印发新时期促进集成电路产业和软件产业高质量发展若干政策的通知》	国务院	2020.7.27
25	《国务院办公厅关于促进畜牧业高质量发展的意见》	国务院办公厅	2020.9.14

3.1.2　质量振兴阶段（1996～2011年）政策分析

运用RostCM 6.0软件对质量振兴阶段8份质量相关政策文本进行分词以及词频分析。为了提升分析的针对性和有效性，人工剔除诸如"开展""加强""提升""建立""加快""促进"等词频较高但没有太大分析意义的词汇，获得"质量""企业""食品""产品质量""部门"等排序前 20 的高频词以及其他重要高频词（见表 3 - 2）。

绘制质量振兴阶段质量政策高频词的社会网络图（见图 3 - 1）。中心度排名前 5（含并列）的关键词分别是质量（中心度 34）、企业（中心度 25）、部门（中心度 22）、严格（中心度 13）、食品（中心度 12）、安全（中心度 12）和产品质量（中心度 12）。

表 3 - 2　　　　　　　　　　　　质量振兴阶段政策的高频词

排序	词汇	词频	排序	词汇	词频	排序	词汇	词频
1	质量	257	11	监督	81	21	问题	52
2	企业	181	12	标准	79	24	工程质量	51
3	食品	120	13	严格	71	29	工程	45
4	产品质量	108	14	区域	69	40	空气质量	33
5	部门	99	15	技术	67	49	质量安全	32
6	项目	94	16	依法	65	67	环境	25
7	重点	90	17	监管	61	83	服务	22
8	安全	88	18	国家	56			
9	住宅	83	19	制度	55			
10	单位	82	20	污染	53			

《质量振兴纲要（1996 年—2011 年）》是这一阶段最重要的政策。该纲要是在我国从粗放型经济转为集约型经济的关键发展阶段提出来的，是我国经济社会发展从追求"数量"转变为追求"质量"的起点，也是质量成为国家战略的重要里程碑。质量振兴阶段的政策主要有以下特点：

（1）产品质量是质量提升的重点。尽管产品质量、工程质量和服务质量在这一阶段均被关注，但 8 份政策文本中 4 份文件的主要内容是产品质量，产品质量是重中之重，中心度排第 5 位。《质量振兴纲要（1996 年—2011 年）》着重明确了原材料、基础元器件、重大装备、消费品等四类重点产品质

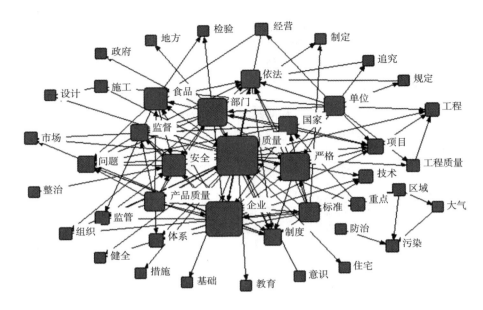

图 3 – 1　质量振兴阶段政策关键词社会网络

量目标，在其他相关政策中产品质量中的重点产品包括农产品、食品、药品、涉及人身健康和安全的产品。

（2）质量安全是关注焦点。"食品"一词词频共 120 次，位居第 3，重要性显而易见。相关政策中更多涉及的是强制性的措施，从高频词"监督""依法""监管"中可见。

（3）问题导向明显。质量振兴战略是基于一系列质量问题提出的，如原材料、元器件质量不达标、服务质量波动大、工程施工存在质量隐患、环境污染严重等。从高频词看，"问题"排名第 21，确实反映了这个阶段质量政策的问题导向。从社会网络图看，"问题"与"质量""安全""产品质量"的共现次数最高。在环境质量方面，突出了"重点区域""重点企业""重点污染物"，说明政策强调有针对性地处理环境问题。

（4）各部门职责划分不够清晰。"部门"尽管在社会网络图中的中心度的排名为第 3，但内涵较为笼统，与其共现的词都比较宽泛，在有关政策中也缺乏明确的部门分工及协助要求。在这一阶段，部门参与的广泛度及部门之间的协同度都相对较弱。

（5）以企业为核心。"企业"一词的词频为181次，排第2位；在社会网络图中中心度排名第2，显然企业在质量提升中的主体地位在这一阶段得到明确，并格外关注。在这一阶段较为强调企业需大幅提升质量理念、提高技术水平、努力降低产品不良、推广质量管理方法等。

3.1.3 质量发展阶段（2012～2016年）政策分析

对质量发展阶段的6份质量发展相关政策文本进行分词、词频分析以及筛选，获得"质量""企业""质量安全""重点""安全"等排序前20的高频词以及其他重要高频词（见表3-3）。

表3-3　　　　　　　　　　质量发展阶段政策的高频词

排序	词汇	词频	排序	词汇	词频	排序	词汇	词频
1	质量	534	11	监管	86	26	质量发展	52
2	企业	169	12	质检总局	81	33	监督	45
3	质量安全	124	13	产品质量	77	39	创新	40
4	重点	112	14	发展	62	46	服务业	35
5	安全	99	15	社会	62	48	农产品	35
6	体系	96	16	认证	59	60	环境	29
7	技术	92	17	工程	59	67	工程质量	26
8	服务	90	18	信用	55	83	服务质量	23
9	食品	89	19	工业和信息化部	55	111	农业	19
10	标准	86	20	分工	54	287	绿色	8

绘制质量发展阶段质量政策高频词的社会网络图如图3-2所示。中心度排名前5的关键词分别是质量（中心度44）、质检总局（中心度26）、企业（中心度19）、工业和信息化部（中心度17）、监管（中心度15）。

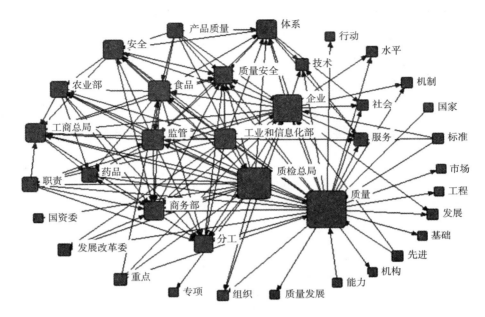

图3-2　质量发展阶段政策关键词社会网络

《质量发展纲要（2011—2020年）》提出了建设质量强国的战略目标及其相关任务与重点工程，正式标志着我国选择了"坚持以质取胜，建设质量强国"为发展道路（蒋家东，2012）。该纲要贯穿了质量安全和质量发展两方面内容（程虹，2012），它是国家对质量发展的中长期规划。为了更好地贯彻落实规划和解决当前的重点问题，国家后续制定了一系列针对该纲要的年度行动计划。

质量发展阶段的政策主要有以下特点：

（1）明确质量安全是质量发展的底线。在高频词中"质量安全"排名第3、词频124次，"安全"排名第5、词频99次，与第一阶段相比排名均明显提升。从现实情况看，2006年以来从"苏丹红事件""三聚氰胺事件""地沟油事件""毒生姜事件"到2016年的"假疫苗事件"，质量安全尤其是食品安全问题得到各界极大关注，更成为民生之重。《质量发展纲要（2011—2020年）》的工作方针中明确指出"安全为先"是质量发展的基本要求。历年的行动计划也多次强调加强重点领域的质量安全监管，包括食品农产品、消费品、电子产业、工程和设备制造以及大气环境等领域。

（2）明确企业的质量主体责任。"企业"在该阶段的词频为169次，排名与第一阶段一致，均为第2。在社会网络图中，"企业"的中心度排名第3。但是在质量发展阶段首次重点强调企业必须认识并承担自身的质量主体责任，具体措施包括倡导大中型企业设立首席质量官，落实质量安全"一票否决"等，质量管理纳入企业顶层设计，基于企业持续发展及竞争力提升，有序开展质量改进、质量攻关、质量创新、质量教育等活动。

（3）突出政府的综合监管能力。"监管"在社会网络图中的中心度排名上升至第5。由于我国的市场经济体制尚不成熟，《质量发展纲要（2011—2020年）》中要求加强政府对质量的监督和管理，提高政府的质量综合管理能力（程虹，2012）。提出进一步落实"强化质量安全监管"以及"加快质量法治建设"等措施来促进政府的管理作用。作为质量工作主管部门的"质检总局"在社会网络图中的中心度排名也十分靠前，位居第2。而"工业和信息化部""发展改革委""商务部""农业部"等部门名称均成为这一阶段的高频词，多部门协同参与质量监管的局面已经形成。

（4）形成以区域质量发展为基础的宏观质量概念。2012年4月，国家质检总局发出《争创"全国质量强市示范城市"活动指导意见》，以推动建设一批城市质量发展战略清晰、质量文化特色鲜明、质量基础保障有力、质量宏观管理成效明显的质量标杆城市。2013年5月30日，国务院办公厅发布《质量工作考核办法》，把质量工作绩效纳入地方政府工作考核范畴，全国各地质量强省、质量强市等工作继而蓬勃开展。

（5）强调社会共治推动质量提升。这一阶段"社会"在高频词表中位居第15，词频62次。质量关系每一个公民的切身利益，在宏观上具有公共属性（蒋家东，2012）。该阶段尤其强调人民群众的参与，让人民群众成为质量提升的参与者和受益者，同时开始重视社会监督的作用，通过加强质量教育，加强地方政府的组织领导，发挥媒体舆论监督作用，多方协同共治以推动质量水平提升。

3.1.4 高质量发展阶段（2017年至今）政策分析

对高质量发展阶段的11份高质量发展相关政策文本进行分词、词频分析以及筛选，获得"发展""创新""企业""质量""服务"等排序前20的高频词以及其他重要高频词，如表3-4所示。

表3-4 高质量发展阶段政策的高频词

排序	词汇	词频	排序	词汇	词频	排序	词汇	词频
1	发展	368	11	体育	115	26	集成电路	77
2	创新	338	12	机制	109	31	高质量	66
3	企业	326	13	体系	109	37	项目	61
4	质量	221	14	投资	104	45	畜禽	57
5	服务	210	15	市场	101	55	环境	52
6	国家	195	16	改革	88	106	工程	36
7	创业	174	17	分工	83	127	绿色	31
8	鼓励	152	18	科技	81	134	生态	29
9	贸易	128	19	标准	81	145	畜牧业	27
10	技术	120	20	软件	80			

绘制高质量发展阶段质量政策高频词的社会网络图（见图3-3）。中心度排名前5（含并列）的关键词分别是发展（中心度37）、创新（中心度26）、企业（中心度25）、鼓励（中心度16）、分工（中心度15）、服务（中心度15）和职责（中心度15）。

2017年中共中央、国务院印发《关于开展质量提升行动的指导意见》（以下简称《指导意见》），把提高供给质量作为供给侧结构性改革的主攻方向，将"质量强国"战略放在更加突出的位置，这是党中央、国务院在质量工作领域首次出台的纲领性文件，具有重大里程碑意义，对我国的质量发展具有深远影响（李海平，2018）。

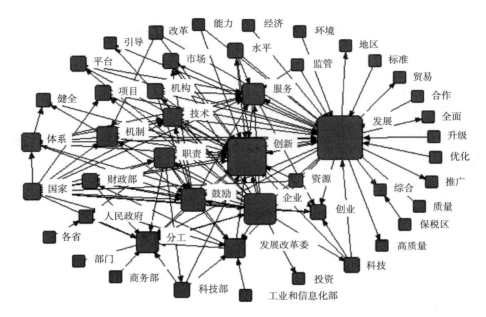

图 3 - 3　2017 ~ 2020 年质量发展相关政策社会网络

高质量发展阶段的政策主要有以下特点：

（1）以"发展"为目标。该阶段从政策高频词以及在社会网络图中的中心度看"发展"皆居于首位。而"高质量发展"与创新、科技、服务、贸易、环境等关键词关联紧密，可见在这一阶段，质量的内涵已经扩展到社会发展这一更宏观、更全面、更有高度和更面向未来的层次上。质量在经济社会中的作用被赋予了更深刻的意义。

（2）以"创新"为核心。在这一阶段，"创新"不仅在高频词表中首次出现，而且位居第 2，词频为 338 次，在社会网络图中的中心度也排名第 2，"创新"在质量发展中的动力作用和重要地位被确立下来。《指导意见》中强调要激发质量创新活力，促进质量技术、质量管理、质量工作方法的创新，提升企业质量创新的积极性。同时强化科技创新、制度创新、模式和业态创新，创新与质量是高质量发展的两个重要支点。

（3）坚持企业的质量提升主体地位不变。在这一阶段，"企业"一词的词频为 326 次，排名第 3，在社会网络图中的中心度排名也为第 3。坚持企业主体地位是《指导意见》的基本原则之一，企业依然是质量发展的主体。

（4）服务的重要性提升。我国产业结构正在转型升级，第三产业在 GDP 中占比总体呈现上升趋势，政策文本分析同样反映出该趋势。"服务"首次出现在社会网络图中心度前 5 名，在高频词表中排名第 5，词频 210 次。"服务"词频的排名在质量发展三大阶段中持续上升。鉴于我国经济发展的传统优势逐渐减弱，中高端产品和服务有效供给不足，中央提出要全面提高产品和服务质量。

（5）部门联合，分工明确。"分工"在社会网络图中的中心度与"服务"和"职责"并列第 5，在高频词表中排名第 17，词频 83 次。该阶段更重视质量发展工作的部门联合，明确任务应按职责分工负责，有利于政策的落实。

3.1.5　质量发展的内涵

基于以上我国质量发展政策的变迁，研究发现：

（1）在"质量振兴"阶段我国就明确提出了质量的三个重要维度——"产品质量""服务质量""工程质量"。

（2）从"质量振兴"阶段到"高质量发展"阶段，"环境"一词的词频一直呈上升趋势，并从第一阶段的关注"污染"等环境安全问题提升到第三阶段关注"绿色""生态"等可持续发展问题。

（3）"创新"成为"高质量发展"阶段的核心，我国政策对质量问题的关注不仅在范围上由单纯的产品质量扩展到服务、工程及环境多维度，而且在深度上强调"创新"与"质量"的协同，质量创新的作用被高度关注。

因此，本书提出质量发展评价应从"产品质量""服务质量""工程质量""环境质量""质量创新" 5 个维度展开。

3.1.6　"政策阶段—政策领域—政策工具"三维度综合分析

基于上述分析，本书构建"政策阶段—政策领域—政策工具"三维分析框架（见图3-4），对质量发展政策进行综合分析。

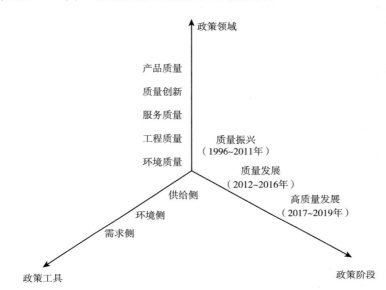

图 3 - 4　质量发展政策三维分析框架

1. 政策工具分析

本书将质量发展政策工具分为供给侧、环境侧和需求侧，包括 19 个子工具（见表3-5）。其中，供给侧与环境侧维度子工具种类较多，分别为 7 个和 8 个，需求侧子工具种类最少，仅 4 个。

表 3 - 5　　　　　　　　　　政策工具分类及定义

政策工具维度	政策工具名称	含　义	关键词
供给侧	资金支持	政府为质量发展体系各环节建设提供资金支持	资金、研发投入、基金等
	人才培养	质量相关内容的教育培训、技术人才培养以及人才引进	人才培养、职业培训、教育培训等
	基础设施	计量、质量、产品制造、科技创新等领域基础设施的建设及改造	计量测试、质量检验等
	信息支持	政府发布产品质量、食品安全、查处问题和改进工作等信息	开放信息、咨询服务、信息平台等

续表

政策工具维度	政策工具名称	含　义	关键词
供给侧	土地支持	政府保障与优化相关产业供地以提升产业质量	保障、优化、资源配置等
	技术支持	组织重点领域薄弱环节的科技攻关，以及先进技术的推广应用	引进、改造、应用、实验室、研发平台等
	试点示范	积极建设示范工程、示范城市、示范企业等	建立示范区、试点示范等
环境侧	财税支持	政府通过增设财政、税收优惠政策推动质量发展	税收优惠、贴息、融资等
	法规管制	政府制定质量发展相关的法律法规、规范措施、监管制度等，创建良好的市场环境	社会监督、监管体系、管理制度、评估制度等
	知识产权	政府对相关领域的知识产权保护	知识产权、专利等
	目标规划	政府对质量发展做出整体性的布局和规划	目标、布局、协调等
	组织建设	政府为加强部门间协作，采取的协调措施	部际联席会议制度等
	标准化	编制和宣传相关标准，形成标准化体系	标准、标准化等
	政策引导	政府鼓励和支持政府、企业和公众等主体积极发展质量	鼓励、引导、支持等
	表彰奖励	表彰质量先进企业和个人	标杆单位、先进等
需求侧	政府采购	推动优质优价的政府采购	政府采购、绿色采购等
	公共服务	能解决社会问题的各项基础服务型措施，如卫生服务、公共建筑、交通、电信领域的采购、维护、监督和创新等	医疗、交通设施、供热供水设施等
	贸易管制	国际贸易管制措施，如检验检疫、海关关税、贸易协定、货币管制等	外资、进出口、关税等
	海外交流	与海外政府、企业或相关机构展开交流合作促进海外需求，包括质量认证国际互认、国际贸易等	国际、合作等

　　供给侧政策工具是指政府对各领域主体提供资金、人才、信息、土地等生产要素，为推动质量发展提供直接的助力。环境侧政策工具是政府通过宏观经济政策、管制政策、税收政策、奖励政策等，为质量提升创造良好的发

展环境，起到间接的影响作用。需求侧政策工具是通过刺激"高质量"的市场需求提升总体质量，包括政府采购、贸易管制和海外交流等，最终拉动质量发展。

本书对25份质量发展政策文本按照"政策编号—章节号—具体条款号"进行编码，共获得574条信息。由于一个政策细分条款可对应一个以及一个以上的政策工具，最终统计应用政策工具为858次。

从政策工具的整体分布来看（见图3-5），环境侧政策工具占比最大，达到65.85%，供给侧和需求侧分别占23.90%和10.25%。由图3-5中可见，供给侧子工具分布较为均衡，政府在高质量发展阶段明显增大对资金支持、人才培养、基础设施、试点示范方面的投入。而环境侧政策工具以法规管制为主（占政策工具总数的33.33%），但近阶段有所下降，政府逐渐倾向于目标规划和政策引导等子工具，通过非强制性的手段鼓励引导，主动提升质量水平。需求侧中采用海外交流和贸易管制较多，且呈现不断上升趋势，通过这两类子工具扩大海外市场，推动外贸优进优出。在贸易管制方面政府取消或放宽商贸物流、采矿业、制造业、专业服务等领域的外资准入限制，优化外商投资导向。

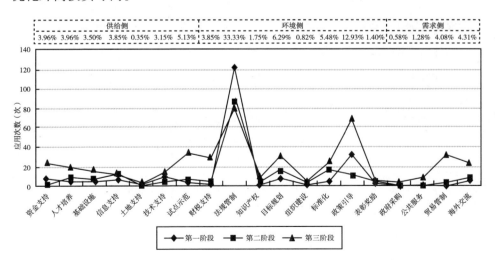

图3-5　质量发展政策子工具分布

2. 三维综合分析

由三维交叉分析图（见图 3-6）可知，我国在政策阶段维度和政策领域维度上基本兼顾了供给侧、需求侧和环境侧政策工具的综合使用，但是不同政策工具间存在显著差异。随着我国质量政策从质量振兴到质量发展再到高质量发展的推进，政策工具在各领域中的应用逐渐向均衡化发展。质量发展政策文本中供给侧和需求侧工具的应用频次在各阶段中逐渐增加，供给侧政策工具从 17.59% 上升到 28.28%，需求侧政策工具从 3.24% 上升到 15.16%。而环境侧工具的应用频次占比在各阶段中逐渐减少，从 79.17% 下降至 56.56%。政府增加供给侧和需求侧方面政策工具的应用，主要通过增加各类生产要素的投入，积极开拓海外市场、新兴产业市场等措施。

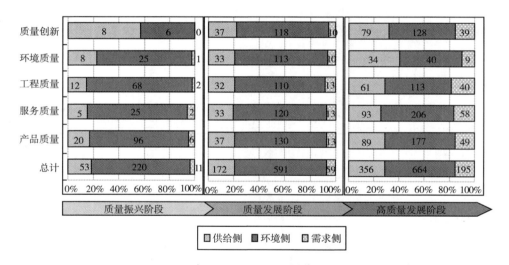

图 3-6　质量发展政策各阶段各领域的政策工具分布情况

注：色块中的数字代表相应的政策工具的应用次数。

从政策工具在各阶段、各领域的具体分布情况看，呈现以下特征：

（1）质量振兴阶段。在该阶段，政策工具的总应用频次最少，仅 284 次。在五大领域中，产品质量应用频次最多（122 次），其次是工程质量（82

次），最少的是质量创新领域（14 次），该阶段以产品质量提升为核心，质量创新开始得到关注。各领域中不同政策工具分布普遍呈现环境侧工具比重最大、需求侧工具比重最小的整体特征。唯一例外的是，质量创新领域中供给侧工具占比高于环境侧工具占比。质量创新在刚被提出时，倾向于通过加大技术创新和研发的投入促进产品、服务及工程质量的提升，其中使用最多的子工具是试点示范，具体措施包括建设国家自主创新示范区、农村创新创业典型县、国家小型微型企业创业创新示范基地等，并鼓励示范基地在科技成果转化方面积极探索，这也显示了此阶段以培育为主导的政策思路。

（2）质量发展阶段。在该阶段政策工具的总应用频次上升至 822 次，在五大领域中分布较均衡，其中应用频次最多的产品质量（180 次）和应用频次最少的工程质量（155 次）仅相差 25 次，该阶段系统推动产品质量、服务质量、工程质量和环境质量的提升，质量创新得到普遍重视。各领域中不同政策工具分布完全符合环境侧工具比重最大、需求侧工具比重最小的整体特征。《质量发展纲要（2011—2020 年）》以及随后的一系列行动计划，其政策条款综合性较强，涉及领域比较全面，侧重于强调以质量安全为先的质量发展，但对于如何提升质量发展的内驱力在政策上尚未得到有效关注。

（3）高质量发展阶段。这一阶段的政策覆盖了交通、贸易、产业等经济社会发展的多领域，政策数量大幅增加且更具针对性，政策工具的总应用频次持续上升，共计 1215 次。其中服务质量应用频次最多（357 次），其次是产品质量（315 次），环境质量最少（83 次），服务质量和质量创新得到更多关注，需求侧工具的应用显著提高。各领域中不同政策工具分布也完全符合环境侧工具比重最大、需求侧工具比重最小的整体特征。值得注意的是，环境质量领域的供给侧政策工具相比前两个阶段占比最大，在该阶段相比其他领域占比也最大，主要通过资金支持、试点示范、基础设施等子工具，推进绿色制造、绿色基础设施建设。绿色发展是我国从速度经济转向高质量发展的重要标志（王克，2019）。

3.2 质量发展评价要素的内涵

3.2.1 产品质量

质量（quality）是经济学和管理学中的概念，指一个产品或一项工作的好坏程度。在早期的管理学、经济学等学科的研究中，质量的概念只针对产品。

1. 产品的概念界定

产品的定义在经济学和法律上是不同的。在经济学中，产品的外延很广泛，是指与自然物相对应，人类劳动的生成物。而法律上的产品概念的外延相对较小，由于各国国家经济发展水平不同，对消费者权益的重视程度不同，所以对产品的界定是有差异的。表3－6列举了一些国家及相关组织对产品的界定。

表3－6 各国和组织法律对产品的界定

国家/组织	法律	对产品的界定
中国	《中华人民共和国产品质量法》	"第二条：……本法所称产品是指经过加工、制作，用于销售的产品。建设工程不适用本法规定……" "第七十三条：军工产品质量监督办法，由国务院、中央军事委员会另行制定……"
日本	《产品责任法》	产品是指进入流通过程的一切物品，不论其为制成品还是天然产品
美国	《统一产品责任示范法》	产品是真正有价值的，为进入市场而生的，能够作为组装整件或作为部件、零售交付的物品，但人体组织、器官、血液组成成分除外

国家/组织	法律	对产品的界定
欧盟	《欧盟产品责任指令》	产品是指初级农产品和狩猎物以外的所有动产，即使已被组合在另一动产或不动产之内。初级农产品是指种植业、畜牧业、渔业产品，不包括经过加工的这类产品

各国和组织基本都将产品界定为有形物品，不包括服务等无形产品。因此，本书遵循我国的《产品质量法》对产品的界定，产品主要包括工业产品、日用消费品、食品、药品、农产品等。

2. 产品质量的内涵

表 3 – 7 列出了从 ISO9000 的前身 ISO8402 到 2015 年版本的 ISO9000 中质量定义的演变。

表 3 – 7　　　　　　　　　　ISO9000 中"质量"的定义

版　　本	定　　义
ISO8402：1994《质量管理和质量保证的术语》	反映实体满足明确和隐含需要的能力的特性总和
ISO9000：2000《质量管理体系　基础和术语》	一组固有特性满足要求的程度
ISO9000：2005《质量管理体系　基础和术语》	一组固有特性满足要求的程度
ISO9000：2015《质量管理体系　基础和术语》	客体的一组固有特性满足要求的程度

在 ISO8402：1994 中，"质量"的定义面向"实体"，即产品质量。2000年和 2005 年的版本取消了对主体的限定说明，并且丰富了 1994 年版的内容，其中"特性"是指可区分的特征，"要求"是指明示的、通常隐含的或必须履行的需求或期望。在 2015 年的版本中，又加入了面对对象的"客体"，"客体"是指可感知或可想象到的任何事物，比如产品、服务、过程等，客体可以是物质的，也可以是非物质的。国际标准对"质量"的定义综合了客观和主观两方面的属性，其中"一组固有的特性"是从客观层面上来看，产品用标准进行衡量；"满足要求的程度"是从主观层面上来看消费者或顾客对产品

的满意程度。同样，凯尔文·兰开斯特（Kelvin Lancaster，1979）对产品质量的观点中也包括主观和客观两方面，他认为可以根据商品的特征来界定产品质量，无论这些特征不变抑或可变，消费者能够根据产品的这些特征来界定爱好和质量。产品质量的客观评价通常与特定的具体性能标准相关联，产品质量的主观感受则与消费者本身的收入、经历等因素密切联系。

从宏观层面看，产品质量的衡量可从行业或者区域层面进行。本书所涉及的产品质量是从某一区域角度综合评价该地区的产品质量水平。

3.2.2 服务质量

1. 服务及服务业的概念界定

服务是一个较为宽泛的概念，营销、管理、经济等不同学科视角对服务的解释如表 3 - 8 所示。

表 3 - 8　　　　　　　　　　　　服务的定义

年份	学者/组织	定　义
1960	美国市场营销协会	服务是用于出售或者是同产品连在一起进行出售的活动、利益或者满足
1977	希尔（Hill）	服务是由一个经济实体在得到许可的情况下对另一经济实体的人或物带来的条件或状态上的变化
1982	莱蒂宁（Lethinen）	服务是通过中介人或物满足消费者需求的一系列活动
1987	奎因和巴鲁克（Quinn & Baruch）	服务是一种无形性的经济活动，产出为非实物产品，生产与消费同时发生
1996	蔡特哈姆尔和比特纳（Zeithaml & Bitner）	服务是行动、过程和绩效
2000	国际标准化协会	企业通过内部活动以及与顾客互动来满足顾客需要的结果
2005	IBM 公司	服务是协同创造和获取价值的供应商/客户交互行为；服务是一门科学，是管理，是工程

20 世纪初，服务业被划分为产业结构的"第三产业"。1987 年，国际统计局应用"排他法"将服务业定义为农业、工业、建筑业之外的其他各产业的总称（周楠，2016）。从内涵的角度来看，服务业是提供服务产品的销售、生产或分配的企业组成的产业，从外延的角度来看，服务业是除第一、第二产业以外其他行业的集合（贺兴东，2013）。本书中服务业的概念参考国家统计局给出的定义，将统计年鉴中公布的第三产业作为服务业的范围。

2. 服务质量的概念界定

1972 年列维特（Levit）首次提出服务质量的概念，并将其定义为服务是否能达到预设的标准。1980 年，格罗鲁斯（Gronroos）在瑞士发表的文章分析了服务质量和有形产品质量的区别主要体现于"服务质量既是服务本身的特性的总和，也是消费者感知的反应"。由此，各界对服务质量重视起来并成为研究热点，对服务质量概念的理解不断深入（见表 3 – 9）。

表 3 – 9　　服务质量的定义

年份	学者	定义或要点
1972	列维特	服务质量就是服务是否能达到预设的标准
1984	格罗鲁斯	服务质量是顾客对于服务的期望及接受服务后实际的感知
1988	帕拉苏拉姆南（Parasuraman）	服务质量是顾客对服务提供者所提供服务的整体水平的评价
1990	刘易斯（Lewis），樊尚（Vincent）	服务质量为服务符合消费者需求的程度
1992	克努森（Knutson），史蒂文斯（Stevens），巴顿（Patton），汤普森（Thompson）	服务质量是顾客预期服务与实际获得服务间的差距程度，也就是顾客预期与顾客实际感受之间的缺口
1998	哈维（Harvey）	服务质量主要包括两个维度，即最终结果与得出此结果的过程

总体而言，对服务质量的理解主要围绕服务的特性和其预设的标准两个方面展开。服务不同于有形产品，其具有无形性（或称不可感知性）、不可分割性（或称同时性）、异质性（或称差异性）和易逝性（或称不可储存性）。同时服务质量更具主观性，在很大程度上取决于顾客的感知。学者们一致认可的服务质量的基本构成要素是格罗鲁斯提出的"技术质量"和"功能质量"。

本书所涉及的服务质量，是从区域发展视角，综合本区域生产性服务业、生活性服务业的供给质量。

3.2.3 质量创新

创新是引领高质量发展的第一动力。最初，熊彼特（1912）认为创新主要包括产品、生产方法、市场、原材料或半制成品和产业组织方式创新。质量创新的概念源于创新，并且是一种集成创新（李春田，2001）。对质量创新内涵的不同理解如表3-10所示。

表3-10 质量创新的定义

年份	学者	定 义
2001	李春田	质量创新是一种市场、技术和管理的集成创新；质量创新以市场创新为主导，以技术创新为支撑，以管理创新为保障
2005	刘东	质量创新是质量管理的新阶段，是知识经济时代质量科学的主要内容，包括质量理念、内容和方法等方面的创新
2006	王海燕	企业质量创新是由质量技术创新和质量成本创新周而复始的循环组成
2015	程虹和许伟	质量创新是指通过技术升级、生产创新等手段，实现产品固有特性不断改进和提高，从而更好地满足消费者需求
2017	吴士权	质量创新就是通过技术、管理和文化等多种方法，实现固有特性得到持续改进和提高的过程，从而更好地满足消费者和使用方的需求，并最终实现更高效益的突破性或持续性创新

可见，对于质量创新的理解有两种取向。第一是基于"大质量"的概念，认为质量创新是技术创新、管理创新以及模式创新的更高层次的集成，是更为宏大的一个概念。第二是从产品质量出发，通过夯实质量管理、质量技术、质量文化等方面的基础，取得质量提升。本书所涉及的质量创新属于第二个取向。

3.2.4　工程质量

从产业角度看，工程主要包括建筑工程、水利工程、交通工程等，这些领域构成了国家发展的重要基础设施，也是国家投资的重点领域，表 3 – 11 ~ 表 3 – 13 给出了我国近年来重点工程领域的固定资产投资情况。

表 3 – 11　　　　建筑业全社会固定资产投资（不含农户）　　　单位：亿元

项目	2011 年	2012 年	2013 年	2014 年	2015 年	2016 年	2017 年
投资额	3357.12	3738.97	3669.76	4125.76	4956.60	4614.90	3838.93

资料来源：国家统计局。

表 3 – 12　　　　　　　　　水利固定资产投资　　　　　　　　　单位：亿元

项目	2011 年	2012 年	2013 年	2014 年	2015 年	2016 年	2017 年	2018 年
全年完成	3086.0	3964.2	3757.6	4083.1	5452.2	6099.4	7132.4	6602.6
建筑工程	2103.2	2736.5	2782.8	3086.4	4150.8	4422.0	5069.7	4877.2
安装工程	121.7	237.8	173.6	185.0	228.8	254.5	265.8	280.9
设备及各类器具购置	115.2	178.1	161.1	206.1	198.7	172.8	211.7	214.4
其他（包括移民征地补偿等）	745.9	811.8	640.2	605.6	873.9	1250.3	1585.2	1230.1

资料来源：水利部。

表 3 – 13				交通固定资产投资				单位：亿元
项目	2011 年	2012 年	2013 年	2014 年	2015 年	2016 年	2017 年	2018 年	2019 年
总计	15152	15225	22595	25743	26978	28191	31372	31412	32030
铁路	—	—	6658	8088	8238	8015	8010	8028	8029
公路	12596	12714	13692	15461	16513	17976	21253	21335	21895
水路	1405	1494	1528	1460	1457	1417	1239	1191	1137
民航	688	712	717	734	769	782	869	858	969

资料来源：交通运输部。

对工程质量的认识，一方面基于工程项目质量与产品质量的相似性，从产品质量概念延伸，认为工程项目质量是指工程所固有的特性满足要求的程度；或者从实体质量特征出发，认为工程质量可以从寿命、可靠性、经济性、性能以及安全性等维度进行评价（孙前进，2015）；或者从工程项目的实施过程出发，认为工程质量可从立项阶段、设计阶段、施工阶段、竣工阶段、竣工验收阶段以及工作质量等方面进行衡量（佘娜，2007）。

本书所涉及的工程质量，亦从区域发展角度，综合考虑建筑工程、水利工程、市政工程、交通工程等领域，在工程安全、创优夺杯方面的质量成效。

3.2.5　环境质量

党的十九大报告指出"必须树立和践行绿水青山就是金山银山的理念"，环境问题在我国得到前所未有的高度重视。

1886 年，德国著名动物学家和哲学家哈克尔（Haeckel E）在其发表的《普通体生物形态学》中提到"环境"。生态学中环境的定义更为宽泛，是某一生物周围的综合。环境科学和我国《环境法》中定义的"环境"范围较小，仅指人类周围的综合，包括自然环境和人工环境。

本书中环境的概念采用我国《环保法》中的概念。表 3 – 14 列出了一些学者对"环境质量"的定义。

表 3 – 14　　　　　　　　　　　　　　环境质量的定义

年份	作者	定义和观点
2000	叶亚平、刘鲁君	环境质量是环境系统客观存在的一种本质属性，在具体的时间或空间内环境的总体或环境的某些要素对人类的生存和繁衍及社会经济发展的适宜程度，是对环境的性质及数量进行评定的尺度
2018	樊星	环境质量是在一个具体的环境内，环境的总体或者环境的某些要素对人类生存或者繁衍以及社会发展的适宜程度，是反映人类的具体要求而形成的对环境评定的一个概念
2019	洪雪飞	环境质量是环境总体或者要素对人类生活生产与社会发展的适宜程度。环境质量包括自然环境质量和社会环境质量

综上所述，本书认为环境质量主要指大气污染、水土污染、固体废物污染等对环境产生压力或者损害的程度。

第4章 质量发展指数构建

根据第 3 章的研究，本书基于区域高质量发展根本目标，构建由产品质量指数、质量创新能力指数、服务质量指数、环境质量指数和工程质量指数构成的质量发展评价体系。

4.1 产品质量指数

4.1.1 文献综述

从宏观视角出发对产品质量进行综合评价，在实践层面已有一些探索，我国大多数省份及城市如上海、广州、深圳、武汉等通过定期发布质量分析报告来呈现所在地区的产品质量状况。但是总体来看，这些报告基本通过产品质量监督抽查合格率这一单一指标反映产品质量状况。尽管质量监督抽查涉及日用及纺织品、农业生产资料、机械及安防、电工及材料、建筑和装饰装修材料等大多数产品领域，但其存在的问题也显而易见。一方面监督抽查合格率受到抽检对象、抽检频次等因素影响，很难完全真实反映产品质量现状。根据国家质量监督部门公开发布的数据，2014～2018 年国家监督抽查合格率分别为 92.3%、91.1%、91.6%、91.5% 和 89.7%，数据呈现的良好态势与消费者的真实感知和要求依然有一定距离。另一方面，当运用监督抽查合格率作为评价产品质量的唯一指标时，在操作层面容易导致目标偏离，以发现问题为主要目标的初衷受到影响。为了建立更加综合客观反映产品质量水平的评价体系和优化质量信息统计机制，《质量发展纲要（2011—2020年）》提出，要"建立健全以产品质量合格率、出口商品质量合格率、顾客满意指数以及质量损失率等为主要内容的质量指标体系，推动质量指标纳入国民经济和社会发展统计指标体系"①，但各地在执行中有很大差异，这一体系尚未完全建立起来。

从研究层面看，国外主张通过质量指数（Beaumont & Libizawski，1993；Bergenbahl & Wachtmeister，1993）、顾客满意度指数（ACSI）（Brecka，1994）、质量竞争力指数（QCI）（Brust & Gryna，2002）来进行质量评价。我国学者在借鉴国外研究成果的基础上，结合中国国情进行了一些探索（见表 4－1）。总体来看呈现两种思路：其一，根据质量观的发展脉络，从符合性、适用性和外部性三个维度进行测量（张星，2012；詹艳艳，2015；王立志，2010）；其二，从质量水平和质量发展两个维度进行测量（李楷明，2020；黄利斌，2012）。其中，2004 年国家宏观质量水平评价指标体系研究课题组提出的质量竞争力评价体系（MQCI）（见表 4－2）具有较大影响力，该体系通过质量水平和质量发展两个维度，标准与技术水平、质量管理水平、质量监督与检验水平、研发与技术改造能力、核心技术能力和市场适应能力等 6 个三级指标以及产品质量等级率、产品监督抽查合格率、质量损失率等 12 个观测点对区域质量竞争力水平进行测量。该系统经过 4 年试运行，国家质量技术监督检验检疫总局于 2005 年开始连续 10 年公开发布《全国制造业质量竞争力指数公报》。

---

① 国务院关于印发质量发展纲要（2011—2020 年）的通知［EB/OL］. http://www.gov.cn/zhengce/content/2012－02/09/content_8351.htm.

表 4 – 1   宏观视角产品质量评价的主要研究成果

文献	评价维度	主要观测点
《宏观质量指数研究》 （马小平，2009）	产品实物质量	国家监督抽查合格率、省监督抽查合格率、通过强制性产品认证的企业的比例
	产品技术水平	主要工业产品投采标数、通过省级以上计量体系确认数
	产品市场竞争能力	中国名牌数、省名牌数
	市场环境保证能力	通过省级质量兴市验收数、特种设备定期检验率、打假力度
《构建地区工业产品质量指数的研究》 （冯益安，2012）	产品监督管理	产品质量监督合格率、生产许可证获证数、各名牌产品累计数、质量强企数
	标准化战略管理	主导或参与标准制（修）订数量、企业标准备案数、企业采标数、标准战略专项经费
	计量体系保证	计量认证获证实验室数、获计量保证体系企业数、计量检定员数、强制检定计量器具数
	特种设备监管	特种设备总台数
	行政执法	行政处罚案件数、行政处罚金额、涉案产品价值
	资源投入	培训人员数、行政事业性收费收入
《产品（服务）质量指数探析》 （李楷明，2020）	质量水平	质量管理、产品符合性、产品缺陷
	质量发展	顾客满意度、产品贡献度
《制造业产品质量指数的构建与实证分析》 （张星，2012）	符合性质量	批次合格率
	适用性质量	顾客满意度
	外部性质量	产品投诉率、外部质量损失率
《基于 QFD 的制造业产品质量指数评价模型的研究》 （詹艳艳，2015）	适用性	基本操作性能完善、外观美观、产品质量参数真实性、质量成本、性价比、返修率、使用寿命、安全保护措施、顾客评价信息的保留与公开
	符合性	使用方便性、抱怨解决能力、交付可靠性、服务及时性
	发展性	企业名声、企业综合实力、员工素质、投诉改进、节能环保性

续表

文献	评价维度	主要观测点
《工业产品质量监测指标体系研究》（黄利斌，2012）	质量水平	基本性能、安全性、舒适性顾客满意率、外观性、可靠性
	保障体系	基础条件、人员素质与技术工艺水平、管理机制与质量控制
《关于产品质量的内涵、特性及指标体系研究》（张波，2001）	—	产品合格率、产品质量等级品率、产品损失率、产品销售率、新产品产值率、用户满意度和用户满意度指数
《产品质量概念模型及其评价指标体系研究》（王立志，2010）	符合性（固有质量）	抽查合格率
	外部性（损失质量）	质量损失率、回收利用率、产品投诉率
	适用性（外部质量）	顾客满意度
《制造业质量竞争力理论分析与模型构建》（程虹，陈川，2015）	质量	质量要素（土地要素、技术要素、人才要素、设备要素）；质量需求（品牌价值、国际市场、国内市场、消费者认可）
	竞争	相关产业支持（产业链支持、金融支持、服务业支持）；行业结构与竞争（企业集中程度、企业竞争水平、产业竞争结构）
	环境	政府质量管理（质量监管）；城市发展机会（交通机会）
《基于空间相关性的制造业质量竞争力指数分析与预测》（王主鑫，朱颖，2019）	质量水平质量发展	标准与技术水平、质量管理水平、质量监督与检验水平、研发与技术改造能力、核心技术能力和市场适应能力

表4-2   **质量竞争力的评价体系（MQCI）**

一级指标	二级指标及权重	三级指标及权重	观测变量及权重
质量竞争力 （100）	质量水平 （50）	标准与技术水平（20.0）	产品质量等级品率（11.00）
			微电子控制设备比重（9.00）
		质量管理水平（17.5）	质量损失率（7.00）
			质量管理体系认证率（10.50）
		质量监督与检验水平（12.5）	产品监督抽查合格率（8.75）
			出口商品检验合格率（3.75）
	发展能力 （50）	研发与技术改造能力（15.0）	研究与实验发展经费比（9.75）
			技术改造经费比重（5.25）
		核心技术能力（15.0）	每百万元产值拥有专利（7.50）
			新产品销售比重（7.50）
		市场适应能力（20.0）	平均产品销售收入（12.00）
			国际市场销售率（8.00）

资料来源：国家宏观质量水平评价指标体系研究课题组．质量竞争力研究与应用［M］．北京：中国计量出版社，2009．

4.1.2 产品质量评价指标体系

产品质量指数全面反映了一个区域制造业、农业以及食品等有形产品领域的质量水平。本书基于已有在质量竞争力、宏观产品质量评价方面获得的研究成果和实践经验，高质量发展阶段对产品质量的要求，以及数据的可获取性等方面的考虑，从以下三个方面构建区域产品质量指数。第一，质量安全。质量安全反映的是底线要求，也是根本保障。质量安全通过产品质量监督抽查合格率和质量违法记录来评价。第二，质量发展。质量发展反映的是产品对标国际，不断提升质量要求，追求品牌影响力等方面的成效，通过先进标准实施程度和品牌贡献度来评价。第三，顾客满意。顾客满意反映的是基于顾客视角对产品质量的认可程度，可通过顾客满意度和消费者投诉率来评价。

产品质量指数指标体系、指标内涵及观测点选择如表 4-3 所示。

表 4-3　　　　　　　　　产品质量指数指标体系及指标内涵

指标	指标内涵及观测点选择
产品质量监督抽查合格率	该指标反映产品质量达到企业自己承诺的质量标准的综合情况。可根据国家、省、市等各级市场监管部门定期或不定期的监督抽查获得的本区域制造业（不包括食品）产品质量监督抽查合格率、农产品质量安全监测合格率以及食品在生产、流通、餐饮等环节的监督抽查合格率综合计算获得
质量违法记录	该指标反映产品突破质量安全底线，已经或可能给消费者带来利益损害的程度。可通过各级市场监管部门执法数据，包括违法案件数量、涉案金额等情况综合计算获得
先进标准实施程度	该指标反映产品采用并执行先进标准程度，它是反映质量发展程度的指标。可通过一个区域采用先进标准生产的产品产值与相应总产值的比例来测算
品牌贡献度	该指标反映优质产品质量影响力，也反映质量发展程度。可通过本区域产品获得的品牌方面的荣誉，如名牌、出口名牌等，以及商标方面的荣誉，如驰名商标、著名商标等综合计算获得
顾客满意度	它是反映基于顾客视角的产品质量感知水平的指标。可通过有关政府部门或权威机构进行顾客满意度调查获得的数据进行测量
消费者投诉率	它是反映基于顾客视角的产品质量水平的负向指标。可通过所在区域消费者投诉热线（如 12315）或相关平台获取的投诉量占产值的比重来测量

1. 产品质量监督抽查合格率

产品质量监督抽查合格率是监管部门按照监督抽查管理办法、程序和标准，对涉及人体健康和人身财产安全的产品、影响国计民生的重要工业产品，以及用户、消费者、有关组织反映有质量问题的产品，依法实施质量抽样检测，经检验判定为质量合格的样品数占全部抽样样品数的百分比。目前我国的产品质量监督抽查是通过国家、省、市、区县等多层级实施的，该数据均通过相应的市场监管部门网站公开发布。

产品质量监督抽查合格率可根据制造业（不包括食品）产品质量监督抽查合格率、农产品质量安全监测合格率以及对食品在生产、流通、餐饮服务环节的监督抽查合格率等情况计算获得。

2. 质量违法记录

质量违法记录是市场监管部门依据我国的《产品质量法》对质量违法行为进行处理的信息，反映了产品突破质量安全底线，甚至已经或可能给消费者带来利益损害的程度。质量违法记录基于案件的重要性可分为重大案件、大案及普通案件，一个地区的质量违法情况可综合考虑行政处罚案件数、行政处罚金额、涉案产品价值等要素。

3. 先进标准实施程度

先进标准实施程度是反映产品采用先进标准程度的重要指标，是提高产品质量和技术水平的重要保障。我国在《消费品质量提升专项行动方案（2016）》中要求实现"同线同标同质"，李克强总理曾指示"要用先进标准倒逼'中国制造'升级"[①]。企业采用国际标准或采用国外先进标准进行生产，是产品质量达到国际或国外先进水平的重要表征。

先进标准实施程度的测量可以通过一个区域采用先进标准生产的产品产值与相应总产值的比例来测算。对于先进标准的定义，过去普遍认为是指国际标准和国外先进标准。其中，国际标准是指国际标准化组织（ISO）、国际电工委员（IEC）以及国际电信联盟（ITU）发布的标准，国外先进标准包括发达国家的国际标准以及国外知名的标准组织发布的标准（宋明顺，周立军，2018）。但是随着我国标准化水平的整体提升，随着中国标准国际化进程的推进，先进标准的范围将会拓展，即除了包括国际标准、国外先进标准，还可以包括在国内、国际有影响力的先进国家标准、行业标准甚至团体标准。

---

① 李克强：要用先进标准倒逼"中国制造"升级［EB/OL］. http：//www. gov. cn/xinwen/2016 – 04/06/content_5061783. htm.

4. 品牌贡献度

品牌是质量的价值体现。品牌贡献度代表了优质产品质量信号在市场中的传播能力，是反映优质产品质量影响力的指标。一个区域的总体品牌贡献度可综合考虑本区域生产的产品获得的品牌方面的荣誉如名牌、出口名牌等，以及商标方面的荣誉如驰名商标、著名商标等。

5. 顾客满意度

基于顾客满意视角以及"适用性"质量观对产品质量进行评价的方法，这一思路全球公认。顾客满意度的测量在微观层面得到较为普遍的采用，但是从宏观层面看，获得所有产品的满意度信息是一项相当困难的工作。

6. 消费者投诉率

消费者投诉是基于消费者实际使用体验，通过全国 12315 平台、省市统一投诉平台、各级信访等渠道就产品质量问题进行的反馈。消费者投诉率是反映基于消费者视角的产品质量水平的负向指标，它可通过所在区域万元产值所拥有的投诉量和举报量来测量。

4.2　质量创新能力指数

4.2.1　文献综述

质量管理已经开启了以创新为主导的新阶段（杨世忠等，2019）。关于质量创新问题的研究并不多，以"质量创新"为关键词在中国知网（CNKI）的期刊论文库中进行搜索，仅能获得核心期刊及以上相关论文 20 篇。其中有代表性的研究包括：程虹和许伟（2015）从学术研究层面给出的质量创新的定义，即"质量创新就是通过技术、管理和文化等多种方法，实现固有特性持续不断地改进和提高，从而更好地满足消费者和使用者的需求，并最终实现更高的效益"。质量创新概念的提出尽管是在 2010 年以后，但在质量水平评价中考虑创新要素在 21 世纪初已有一些研究探索。如 2004 年国家宏观质量水平评价指标体系研究课题组提出质量竞争力的评价体系（MQCI）中的质量发展维度，包括技术改造经费比重、百万元产值发明专利数、新产品占比等均为创新能力的评价指标。大多数研究在涉及量化分析时，基本还是采用技术创新的指标，如研发投入强度（杨世忠等，2019），或者产业发展指标，如工业增加值（程虹，陈川，2017）。刘伟丽和林玮菡（2018）区别了质量创新和创新质量两个概念的差异，从质量创新的生产环节和质量创新的产出环节两个方面构建了包括技术改造经费支出、研究与开发人员数、研究与开发经费支出、新产品开发支出、新产品项目"单位价值"、新产品研发项目数、新产品销售收入、高技术产业主营业务收入、专利数量等 9 个三级指标构成的质量创新评价体系。质量创新评价的主要观点见表 4-4。

表 4-4　　　　　　　　　质量创新评价的主要研究成果

文献	质量创新的测量
《质量创新："十三五"发展质量提高的重要基础》（程虹，许伟，2015）	经济效益、顾客满意度
《质量创新与全要素生产率——来自湖北省的经验证据》（程虹，陈川，2017）	（1）质量创新投入：技术市场成交额； （2）质量创新产出：百万人均工业增加值
《质量控制 VS 质量创新：论质量成本管理的新模式》（杨世忠等，2019）	创新质量成本：研发费用投入、研发人员投入
《质量创新与创新质量空间差异及耦合协调研究——基于中国高技术产业的经验分析》（刘伟丽，林玮菡，2018）	（1）生产环节：技术改造经费支出、研究与开发人员数、研究与开发经费支出、新产品开发支出； （2）产出环节：新产品项目"单位价值"、新产品研发项目数、新产品销售收入、高技术产业主营业务收入、专利数量

综上所述，本书认为质量创新并非是"质量"与"创新"或者"产品质量"与"技术创新"的简单合并，质量创新既需要以技术创新作为基础实现

质量攻关，也应考虑先进质量管理方法实施推动的质量管理创新以及通过标准话语权体现质量先进性和引领性。

4.2.2　质量创新能力评价指标体系

质量创新能力指数综合反映了一个区域在质量技术攻关、争取标准话语权和实现卓越质量管理方面的能力。本书基于已有文献关于质量创新的定义和评价，从以下三个方面构建质量创新能力评价体系。第一，技术创新水平。技术创新能力是质量创新能力的基础，也是质量发展的重要支撑。技术创新能力的评价已非常成熟，可通过技术创新投入（R&D 经费投入强度等）和技术创新产出（新产品产值率、专利贡献度等）两个方面进行评价。第二，标准化能力。如今标准化能力已成为技术竞争、市场竞争的关键词、制高点，甚至已纳入国家、区域以及企业的顶层设计视野，成为重要的战略要素。卓越的标准化能力意味着具有更强的技术话语权，也意味着在相应的领域具备掌握更高质量标准的能力。标准化能力通过标准化投入（可包括资金投入、人员投入等）和标准化产出（可包括主导或参与制定国际标准、国家标准、行业标准、地方标准、团体标准的数量）进行评价。第三，质量管理成熟度。质量管理创新是质量创新的重要方面。政府质量奖项的设立和评选，是激励企业实施先进质量管理方法、推动企业持续改进的重要抓手。目前我国基本已经形成由中国质量奖、省政府质量奖、市政府质量奖和区县政府质量奖构成的多层次质量奖评价体系。

质量创新能力指数指标体系、指标内涵及观测点选择如表 4-5 所示。

表 4-5　　　　　　　　质量创新能力指数指标体系及指标内涵

指标	指标内涵及观测点选择
R&D 经费投入强度	该指标反映了一个区域创新投入的强度，是 R&D 经费支出额与地区生产总值之比，可通过各地统计部门官方网站获得数据
新产品产值率	该指标反映了一个区域产品创新的能力，是某一区域当年新产品产值占总产值的比率，可通过各地统计部门官方网站获得数据

指标	指标内涵及观测点选择
专利贡献度	该指标反映了一个区域技术创新的成效，是一个区域单位产值所拥有的发明专利、实用新型专利和外观设计专利情况，可通过各地统计部门官方网站获得数据
标准化投入	该指标反映了一个区域在推动标准化方面的资金投入和人才投入情况，可通过综合考虑与标准化相关的经费投入以及各类标准化专家、人才拥有情况计算获得
标准化活跃度	该指标反映了一个区域在参与各类标准化活动中所获得的成效，可通过综合考虑参与各级各类标准制定情况、承办重要的标准化活动情况以及标准化示范试点建设情况计算获得
质量管理成熟度	该指标反映了一个区域导入并实施先进质量管理方法的成效，可通过综合考虑各类政府质量奖获得情况计算获得

1. R&D 经费投入强度

R&D 经费投入强度是指企业 R&D 经费支出额与地区生产总值之比，是从人员投入和经费投入角度综合反映某一区域的企业在科技创新方面的努力程度。该指标在地方统计部门官方网站可获得。

2. 新产品产值率

新产品产值率是某一区域当年新产品产值占总产值的比率，是以价值形态反应产品结构和开发新产品能力的定量指标，反映了科技创新成果对经济增长的直接贡献，同时也从产出角度反映了本区域生产的产品满足市场的创新能力。

3. 专利贡献度

专利贡献度是指一个区域单位产值所拥有的各类专利情况。专利包括发明专利、实用新型专利和外观设计专利三种类型，从统计口径看又分为专利申请量和专利授权量。专利申请量反映了一个区域技术创新活动的活跃度、知识产权保护的意识和积极性，专利授权量反映了一个地区技术创新的成果，尤其是发明专利授权量更为有效地体现了技术创新成效。专利贡献度可通过每百万元产值的授权发明专利、实用新型和外观设计专利的情况计算获得。

4. 标准化投入

标准化投入主要包括资金投入和人力资源两个方面。资金投入是指一个地区在推动标准化创新、标准化示范试点建设、标准化人才培养等方面的资金投入总额。标准化人力资源是指一个区域的相关职能部门、企业、社会团体、技术机构等所拥有的标准化组织管理者，以及各级标准化技术委员会（TC）主席、副主席、秘书及委员、国际标准及国家标准工作中召集人等标准化专家及相关人才情况。

5. 标准化活跃度

标准化活跃度是指一个区域的企业、团体、技术机构等在积极参与标准化活动方面的成效，主要包括：主导或参与制（修）订国际标准、国家标准、行业标准、地方标准以及有影响力的团体标准情况；承办重要的标准化活动如国际标准化组织大会、国际及国家标准化技术机构年会情况；以及参与国家级、省级各类标准化示范试点情况，如农业标准化示范基地建设、服务业标准化试点建设、标准化创新基地建设等。

6. 质量管理成熟度

质量管理成熟度是指一个区域的企业在导入和实施先进质量管理方法，推动质量管理创新方面所获得的成效，可通过中国质量奖、省政府质量奖、市政府质量奖的获得数量综合体现。

4.3 服务质量指数

4.3.1 文献综述

近年来，我国服务业迅猛发展。2019 年我国的服务业增加值为 534233 亿元，相比 2018 年，增长了 6.9%，服务业对国民经济增长的贡献率达到 59.4%[①]。然而，国家市场监督管理总局 2018 年 5 月发布的国家服务业质量监测结果显示，2017 年服务业万人投诉量（3.03）呈现上升趋势，远高于工业万人投诉量（2.20），其中新兴服务业万人投诉量攀升明显，服务业质量问题日益成为市场监管的主要矛盾，服务质量差距制约中国服务国际竞争力。赢得服务竞争和减轻压力的关键即是服务质量（Raymond，2003；Roy，2015；Nguyen，2016；范秀成，2006；罗文强，2012）。

服务质量的本质就是一种感知（Gronroos，1982；Lehtinen，1982；Parasuraman et al，1985；Cronin & Taylor，1992；Hsieh et al，2008；Roy，2015）。从 20 世纪 80 年代开始，在国外研究中感知服务质量已成为服务管理研究领域的热点之一，涉及感知服务质量的定义、维度、影响因素、测量方法以及对满意度的影响等方面（Gronroos，1982；Lehtinen & Lehtinen，1982；Lewis & Booms，1983；Parasuraman et al，1990）。2000 年以前的服务质量研究，最为重要的关键词是服务质量（service quality）、量表（scale）、顾客感知（consumer perception）和模型维度（model dimension）。所谓感知服务质量，是指顾客对于服务质量的评价是基于他们接受服务之前的心理预期与接受服务之后的实际感受之间的比较，是衡量企业服务水平能否满足顾客期望程度的工具（Gronroos，1982；Lehtinen & Lehtinen，1982；Lewis & Booms，1983；Parasuraman et al，1990）。

---

① 统计局：2019 年国民经济运行总体平稳 发展主要预期目标较好实现 [EB/OL]. http://www.gov.cn/xinwen/2020-01/17/content_5470097.htm.

　　微观视角的服务质量研究（见表 4 - 6）表明，在研究初始阶段（20 世纪 80 年代至 90 年代初），学者们大多以结果质量、公司质量和形象三维度为主。如格罗鲁斯（Gronroos，1982）以技术质量、功能质量和企业形象为维度，莱蒂宁和 J. R. 莱蒂宁（U. Lehtinen & J. R. Lehtinen，1982）提出有形质量、交互质量和公司质量三维度模型等。在研究发展阶段（90 年代后期至 2000 年初），学者们将顾客感知服务质量的测量维度放在了过程质量、结果质量和实体环境三个部分，之前的公司质量（形象）由以上三个部分共同感知，如拉斯特和奥利弗（Rust & Oliver，1994）的服务产品（结果质量）、服务传递（过程质量）与服务环境模型，哈维（Harvey，1998）提出的结果质量、过程质量模型。从 2000 年后期至今，随着学者们对人员、环境、系统等服务交互对象的不断深入研究，研究模型更加科学，感知服务质量的测量维度更加集中于交互质量、结果质量和实体环境三个方面。例如，范秀成（1999）构建的技术质量和交互质量模型，布雷迪和克罗宁（Brady & Cronin，2001）提出的交互质量、物理环境质量和结果质量模型，扬和多诺那（Yong & Donona，2004）在布雷迪和克罗宁（Brady & Cronin，2001）的基础上增设了项目质量维度，构建了一个四维度模型等。

表 4 - 6　　　　　　微观视角服务质量评价的主要研究成果

文献	维度	描　　述
格罗鲁斯 （Gronroos，1982）	技术质量	顾客可以从实际服务中获得什么
	功能质量	顾客如何获得服务质量
	公司形象	顾客对其公司及形象的评价
海伍德 - 法默 （Haywood-Farmer，1988）	人员行为	时间、沟通速度、友好性、态度、语音语调、处理问题的能力等
	物理设备设施和过程	位置、规模、设备的可靠性、服务流程、服务能力、流程控制的灵活性等
	专业化的评估	建议、服务信心、服务知识、创新性等

文献	维度	描　　述
布罗戈维奇 （Brogowicz，1990）	公司形象质量	公司的形象或口碑声誉
	外部影响者	文化、社会结构、口碑宣传、媒体曝光和竞争者等
	传统营销活动	广告、公共关系、人员推销、销售促进、定价、营销渠道等
U. 莱蒂宁和 J. R. 莱莱宁（U. Lehtinen & J. R. Lehtinen，1983）、 莱蒂宁（Lehtinen，1991）	物理质量	使用设备设施的质量水平
	公司质量	公司的形象或口碑声誉
	过程质量	服务人员与顾客直接的相互接触
拉斯特和奥利弗 （Rust & Oliver， 1994）	技术质量	顾客可以从实际服务中获得什么
	功能质量	顾客怎么获得服务质量
	公司形象	顾客对其公司及形象的评价
	服务环境	顾客可以感受到和接触到的服务氛围等
达博拉卡等 （Dabholkar et al，1996）	主要维度	环境、可靠性、人际互动、问题解决以及政策等
	次要维度	外观、便利性、承诺、准确、信息及礼仪等
布雷迪和克罗宁 （Brady & Cronin，2001）	交互质量	服务人员的态度、行为和专业知识
	物理环境质量	发生服务的周围环境建筑设计和社会因素
	结果质量	顾客的等待时间等

　　宏观视角的服务质量研究侧重于服务业的发展（见表4－7）。王小平（2012）通过服务业自身活动影响、上下游产业的经济活动以及投资、物价和收入等宏观领域的经济活动来分析和测算服务业景气指数。肖磊（2018）从发展基础、经济贡献和成长能力三个维度构建服务业发展评价指标体系，其中发展基础反映服务业当前发展的总体状况，经济贡献反映服务业对经济发展的贡献程度，成长能力反映服务业可持续发展能力。袁峰（2016）构建由现代服务业生产总值、现代服务业固定资产投资比重、现代服务业在岗人数比重等13个指标构成的现代服务业发展水平评价模型，量化评价18个省份的服务业发展水平。邓泽霖（2012）认为服务业评价指标体系主要涉及发展

水平、增长潜力、基础条件和专业化程度 4 个方面。冯华（2010）从发展规模、产业结构、增长速度、经济效益 4 个维度对服务业发展进行评价，形成涵盖 4 个维度的 16 个指标的评价体系。李楷明（2020）从质量水平与质量发展 2 个维度构建质量指标体系。

表 4-7　　　　　　　宏观视角服务质量评价的主要成果

文献	一级指标	二级指标
《我国服务业景气指数的编制与测算分析》（王小平，2012）	服务质量	服务业就业人员
		服务贸易进出口总额
		服务业职工工资总额
		城乡居民人民币储蓄存款
		全国职工平均货币工资
		服务业增加值
		人均国内生产总值
		居民消费水平
		社会消费品零售总额
		城镇人口
《我国服务业发展指数测度与空间收敛性分析》（肖磊，2018）	发展基础	服务业增加值
		服务业固定资产投资总额
		交通运输货运总量
		常住人口
		服务业劳动生产率
	经济贡献	服务业增加值占地区生产总值比重
		服务业经济贡献率
		服务业投资贡献率
		服务业就业贡献率
		研发支出占地区生产总值比重

续表

文献	一级指标	二级指标
《我国服务业发展指数测度与空间收敛性分析》（肖磊，2018）	成长能力	地区生产总值
		规模以上工业增加值增速
		城镇居民人均可支配收入
		社会消费品零售总额
		金融机构本外币存款余额
		城镇化率
《"一带一路"中国区域现代服务业发展水平评价》（袁峰，2016）	发展环境	人均地区生产总值
		城镇居民人均现金消费支出
		地区互联网普及率
	发展规模	现代服务业生产总值
		现代服务业在岗人数比重
		现代服务业固定资产投资比重
		现代服务业生产总值贡献率
	发展速度	现代服务业生产总值增长率
		现代服务业在岗人数增长率
		现代服务业固定资产投资增长率
	发展潜力	地区 R&D 经费内部支出
		每十万人口高等教育平均在校生数
		各地区 R&D 人员全时当量
《我国现代服务业评价指标体系及实证分析》（邓泽霖，2012）	发展水平	人均现代服务业生产总值
		现代服务业增加值
		现代服务业增加值占 GDP 比重
		现代服务业增加值占第三产业增加值比重
		城镇现代服务业从业人员数
		城镇现代服务业从业人员数占城镇就业人员数比重

文献	一级指标	二级指标
《我国现代服务业评价指标体系及实证分析》（邓泽霖，2012）	增长潜力	现代服务业生产总值增长速度
		城镇现代服务业就业人员增长速度
	基础条件	人均地区生产总值
		城镇居民家庭平均每人全年消费性支出
		城镇人口数占总人口数比重
		互联网普及率
		人均 R&D 经费内部支出
		每万人国内专利授权数
		R&D 人员数占就业人员总数比重
	专业化程度	金融业区位商
		房地产业区位商
		其他现代服务业区位商
《服务业发展评价指标体系与中国各省区发展水平研究》（冯华，2010）	发展规模	人均服务业增加值
		人均服务业固定资产投资额
		服务业从业人员占全社会从业人员比重
		人均服务业法人单位数
	产业结构	服务业增加值占 GDP 比重
		服务业固定资产投资额占三次产业固定资产投资总额比重
		生产性服务业从业人员占服务业从业人员比重
		公共服务业从业人员占服务业从业人员比重
	增长速度	服务业增加值增长速度
		服务业增加值占 GDP 比重增长速度
		服务业固定资产投资额增长速度
		服务业从业人员增长速度

文献	一级指标	二级指标
《服务业发展评价指标体系与中国各省区发展水平研究》（冯华，2010）	经济效益	服务业劳动生产率
		服务业从业人员平均劳动报酬
		服务密度
		服务业固定资产投资效果
《产品（服务）质量指数探析》（李楷明，2020）	质量水平	质量管理
		服务投诉量
	质量发展	顾客满意度

4.3.2　服务质量评价体系

本研究所涉及的服务质量是从区域发展视角，综合本区域生产性服务业、生活性服务业的供给质量。本研究的服务质量既包括在宏观层面服务业的发展，也包括微观层面感知服务质量的评价结果。从宏观层面来看，服务质量的评价主要侧重对于服务业发展的评价。借鉴已有研究，主要考虑服务业的发展基础和发展潜力（邓泽霖，2012；肖磊，2018），其中发展基础通过服务业增加值占地区生产总值比重和人均服务业增加值测量，发展潜力通过社会消费品零售总额测量。在微观层面，服务质量主要通过顾客的感知获得，借鉴已有研究，主要通过顾客满意度来测量。

服务质量评价指标的内涵阐释如表 4 - 8 所示。

表 4 - 8　　　　　　　　　　服务质量指数指标体系及指标内涵

指标	指标内涵及观测点选择
服务业增加值占地区生产总值比重	该指标反映了一个区域服务业的发展基础和服务提供能力的整体水平，是服务业增加值与地区生产总值的比值，可通过各地统计部门官方网站获得数据
人均服务业增加值	该指标反映了一个区域服务业的发展基础，是服务业增加值与人口总量的比值，可通过各地统计部门官方网站获得数据

指标	指标内涵及观测点选择
社会零售总额	该指标反映了一个地区提供消费服务的能力和该区域服务业未来的发展潜力，可通过各地统计部门官方网站获得数据
顾客满意度	该指标反映基于顾客视角的服务质量感知水平的指标，可通过有关政府部门或权威机构进行顾客满意度调查获得的数据进行测量

1. 服务业增加值占地区生产总值比重

服务业增加值是反映服务业当前发展的总体状况的指标，服务业增加值占地区生产总值比重可以反映其对经济发展的贡献程度。服务业增加值在地区生产总值中占据着较大的比例且人均地区生产总值与服务业增加值有相同的变化趋势，因此，服务业增加值占地区生产总值比重是产业结构优化程度的主要评价指标，反映了区域服务业的发展基础。

2. 人均服务业增加值

人均服务业增加值是服务业增加值的衍生指标，与服务业增加值具有较一致的变化趋势，通过人口平均的方式可以在一定程度上反映出区域内居民服务业消费增长的活跃程度，与服务业增加值共同反映了区域服务业的发展基础。

3. 社会零售总额

居民消费水平、社会消费品零售总额是衡量一个国家或地区总消费能力的指标。社会消费品零售总额是区域内居民在批发、零售、餐饮、住宿以及其他行业的消费总额，不仅反映一定时期内居民的物质文化水平提升情况和市场规模，也反映了为实现、满足居民消费所提供的消费服务的能力，代表了所在区域以上经济行为的活力程度，充分反映该区域服务业未来的发展潜力。

4. 顾客满意度

顾客满意度是顾客对服务/产品的期望与实际感受服务/产品时所产生的认知差距（Olson，1976；Hempel，1977；曹礼和，2007）。服务质量和顾客满意度是紧密相关的，它是长期累积的一个结果，优良的服务质量会提高顾客满意度和顾客的忠诚水平，顾客满意度从微观层面反映了消费者对服务质量的感知评价。

4.4 环境质量指数

4.4.1 文献综述

环境质量是指自然因素的适宜程度（Common，2012），学界对环境质量的评价研究较多，也较为成熟。国内学者在对环境质量进行测度时一般采用的主要指标如表 4 - 9 所示。对于环境质量的评价，可以选取单个指标，如用万元工业 GDP 的工业废气排放的变化率（lnemi）来表征环境质量（张云等，2011），用单位产值的工业废水、废气和固体废物这三个指标综合为单位产值工业废物来衡量整体环境质量（李树，陈屹立，2011）。也可以选取多个指标，如大多学者用工业废水排放量、工业废气排放量和工业固体废物排放量这三个指标来衡量环境质量（张赞，2016；刘荣茂等，2006；成金华等，2008；刘艳军，2013；郑石明，2019），或者基于空气污染、固体废弃物、水污染和噪声污染 4 个维度来评价环境质量（朱相宇，乔小勇，2013），也有从空气污染、水污染、废弃物污染、垃圾污染、噪声污染、土壤污染等 6 个维度评价环境质量（袁晓玲，李政大，2013；曾倩等，2020）。

表 4 – 9　　　　　　　　　　环境质量评价常用指标

文献	二级指标	三级指标
《能源消费背景下中国的环境质量与公众健康》（成金华，白永亮，2008）		工业固体废弃物排放量
	废气排放量	SO_2 和烟尘排放量
		废水排放量
《技术进步方向、城市用地规模和环境质量》（董直，庆蔡啸，2014）		工业废水总量、生活废水总量、年度森林覆盖率、年度人均用水量、空气质量达到以及好于二级的天数、城市区域环境噪声监测等效声级、工业污染治理项目本年完成投资额
《北京环境质量综合评价及政策选择研究》（朱相宇，乔小勇，2013）	空气污染	可吸入颗粒物每立方米含量、SO_2 每立方米含量、NO_2 每立方米含量、空气质量低于二级的天数
	固体废弃物	生活垃圾未无害化处理量、一般工业固体废物倾倒丢弃量
	水污染	污水未处理量
	噪声污染	区域环境噪声
《中国区域环境质量动态综合评价——基于污染排放视角》（袁晓玲，李政大，2013）	空气污染	二氧化碳排放量、工业废气排放总量、二氧化硫排放总量、烟尘排放总量、工业粉尘排放总量
	水污染	工业废水排放总量、生活污水排放量
	废弃物污染	工业固体废物排放量
	垃圾污染	生活垃圾清运量
	噪声污染	噪声等效声级
	土壤污染	化肥施用量
《中国环境质量的时空格局及影响因素研究——基于污染和吸收两个视角》（袁晓玲，郇勃，2019）	大气	氮氧化物排放总量、二氧化硫排放总量、烟（粉）尘排放总量、二氧化碳排放量
	土壤	固体废物产生量、生活垃圾清运量、化肥施用量、农药使用量
	水体	化学需氧量、氨氮排放量

文献	二级指标	三级指标
《城市人居环境质量评价指标体系与评价方法研究》（王洪海等，2008）	居住条件	人均居住面积、人口密度、住宅投资占固定资产、投资总额比重、住宅建筑密度、城市燃气普及率、人均生活用电量、人均生活用水量、电话普及率
	城市生态环境	人均公共绿地面积、绿地覆盖率、城市生活污水处理率、工业废水处理率、大气 SO_2 浓度、大气 TSP 浓度、噪声达标区覆盖率、生活垃圾无害化处理率
	公共服务基础设施	基础设施投资占地区生产总值比重、人均道路面积、每万人拥有公交车辆数、每万人拥有医院床位数、下水道普及率、网络接通率、每万人拥有商业饮食服务业网点、各级各类学校建筑面积
	城市发展水平	人均地区生产总值、就业率、第三产业占地区生产总值比重、商服业占第三年产业比重、科教投入占地区生产总值比重、人均图书占有量、每万人高等学历人数
	邻区环境	人均住宅面积、排水通风状况、生活垃圾收集情况、生活垃圾收集情况、绿化美化程度、安静程度
	社区环境	社区绿化面积、公共空间的大小程度、社区洁净程度、文化教育环境、治安状况、日常生活服务便利情况
	市区环境	城市的噪声状况、城市的空气洁净程度、城市的自然风景情况、市民的精神面貌、城市的历史氛围、公共基础设施、防灾抗灾能力
《产业结构、环境规制与环境质量——基于中国省际视角的理论与实证分析》（曾倩等，2020）	空气污染	二氧化碳、工业废气、二氧化硫、烟尘、工业粉尘
	水污染	工业废水、生活污水
	废弃物污染	工业固体废物的排放量
	垃圾污染	生活垃圾清运量
	噪声污染	噪声等效声级
	土壤污染	化肥施用量

近年来，随着对生态问题的重视，环境质量问题延伸到生态环境质量这一更广泛的范畴。我国生态环境部通过淡水、海洋、大气、自然生态、土壤、声环境、辐射、气候变化等 8 个方面对我国生态环境综合情况进行评估（生态环境部，2019）。另外，也有不少研究从主观评价出发，即通过公众对环境的满意度来评价。如通过城市居民对邻区环境、社区环境和市区环境的排水通风情况、噪声状况和绿化程度等方面进行满意度评价（王洪海，2009）；从对居住环境影响程度最大的居住的安全性、环境的健康性、生活的方便性、出行的便捷度、居住的舒适度等 5 个方面构建指标体系，其中环境的健康性包括环境空气污染指数、饮用水标准、工业废水废物的无害化处理、噪声达标区域覆盖率等几个常用指标；而人们对于居住环境的满意度大体包括居住环境安全满意度、环境、设施、出行与舒适满意度 5 个方面（张文忠，2007）。

总体而言，从应用层面来看，对环境质量的评价有三种思路：其一是选用社会发展当下最为关注的单一指标，如二氧化碳排放量、PM2.5、空气质量指数（AQI）等；其二是基于固废排放、废水排放、废气排放的"三废"污染物排放的综合情况来进行环境质量评价；其三是对一个区域污染物排放、土壤、能源利用、垃圾处理、绿化等方面的情况，构建环境质量指数进行更广阔视角的环境质量评价。

4.4.2 环境质量评价指标体系

综合已有研究成果，本书对环境质量的评价根据是：第一，从环境要素的适宜性出发，综合考虑大气环境、水环境、声环境、工业废物排放等方面的动态监测水平；第二，既考虑环境质量的客观监测结果，也关注公众对环境质量的主观感知。因此构建了由客观监测指标和主观满意度指标两类指标、5 个要素构成的环境质量评价体系。

环境指数指标体系、指标内涵及观测点选择如表 4 - 10 所示。

表 4-10   环境质量指数指标体系及指标内涵

指标	指标内涵及观测点选择
环境空气质量	该指标通过表征一个区域空气污染程度或洁净程度的监测指标进行测量，如空气污染指数（API）、PM2.5 浓度均值、环境空气质量优良率等
地表水环境质量	该指标通过氨氮排放量等废水排放指标或地表水环境功能区达标率来进行测量
声环境质量	该指标通过区域环境噪声、功能区噪声、道路交通噪声等进行测量
工业固体废物利用	该指标体现了通过清洁生产、绿色生产等措施降低工业固体废物排放方面的努力成效，可通过工业固体废物综合利用率进行测量
环境质量满意度	该指标可通过有关职能部门或权威机构公布的公众对环境满意度进行测量

1. 环境空气质量

环境空气质量是目前公众最为关注的环境质量要素，可通过表征一个区域空气污染程度或洁净程度的监测指标进行测量。可选择的指标包括：空气污染指数（API）、PM2.5 浓度均值、环境空气质量优良率（即一个地区或城市 API 指数≤100 的天数占全年的比率）等，其中环境空气质量优良率是我国环保模范城市评价中的重要指标，也是环境公报中披露的重要数据。

2. 地表水环境质量

水环境质量包括地表水环境质量、地下水环境质量等，本书选择地表水环境质量评价水环境质量。地表水环境质量评价可通过氨氮排放量等废水排放指标或地表水环境功能区达标率来进行测量。本书选用地表水环境功能区达标率，该指标是根据国家标准《地表水环境质量标准》（GB 3838—2002）对一个地区地表水观测点的达标情况做出的整体评估结果。

3. 声环境质量

声环境质量包括区域环境噪声、功能区噪声、道路交通噪声等方面，其中区域环境噪声是社会公众更为关注的方面。

4. 工业固体废物利用

工业固体废物是在工业生产中产生的固体废物，如废渣、粉尘等，包括钢渣、煤渣、废石膏等一般工业固体废物，和具有腐蚀性、毒性、易燃性、反应性的工业危险废物。工业固体废物排放将会对生态环境造成深远的不利影响。工业固体废物综合利用，既体现了通过清洁生产、绿色生产等措施降低工业固体废物排放方面的努力，也体现了资源综合利用的成效，因此本书选用工业固体废物综合利用率作为评价环境质量的要素之一。

5. 环境质量满意度

环境质量满意度指标反映了公众对整体环境质量的感知评价，是环境高质量发展的基本出发点和最终落脚点。目前一些省市开展了相关调查，并在环境公报中公开披露。

4.5　工程质量指数

4.5.1　文献综述

对于工程质量评价的研究大多是针对具体的工程项目的质量评价问题。国内学者在比较中国香港的绩效评估评分体系（Performance Assessing Score System，PASS）、新加坡的建设工程质量评价体系（Construction Quality Assessment System，CONQUAS）等实践经验的基础上，针对我国工程项目的质量评价提出思路（见表 4 - 11），并在实践层面进行应用。例如，深圳市建设工程质量监督总站及区站在 CQAS 基础上建立了深圳市建设工程质量评价体系

（SCQAS），利用综合评价指数和分类评价指数共同构成了一个有机结合的、相对完整的指数系统，从而全面系统地描述全市的建设工程质量状况。《公路工程质量检验评定标准》（JTG F80/1—2004）从宏观视角进行工程质量的评价研究尚不多见。张巧玲（2004）和张伟（2007）基于建设部2002年的委托课题"建设工程质量白皮书编制方法"提出了"建设工程质量综合指数"，通过产品质量综合指数和工作质量综合指数综合评估。其中，产品质量综合指数是指各类工程项目的产品形成过程质量，主要通过勘察质量、设计质量和施工质量来反映；工作质量综合指数是指工作满意度和顾客满意度。

表 4-11　　　　　　　　　　　　工程质量评价主要研究成果

文　献	一级指标	二级指标及观测点	
《大型机场建设项目工程质量评价体系研究——基于决策层总控管理视角》（张振生，叶少帅，2019）	质量行为	设计单位	设计单位质量行为、设计单位对应实体质量
		施工单位	施工单位质量行为、施工单位对应实体质量
		监理单位	监理单位质量行为、施工单位质量行为、监理单位对应实体质量
		检测单位	检测单位质量行为、检测单位对应实体质量
《管道输水灌溉工程质量模糊综合评价方法研究》（何武全，刘群昌，2017）	准备	工程设计	人员配置、企业资质、设计标准、施工方案
		工程环境	工程技术环境、工程管理环境、劳动环境、施工环境
	施工	工程项目参与人	项目法人、设计单位、施工单位、监理单位、质量监督单位
		工程施工质量	材料与设备、管槽开挖、管道安装、管槽回填、附属建筑物及装置
		工程外观质量	提水设备、外露连接管道、地埋管道回填、附属装置、附属建筑物、给水栓

文　　献	一级指标	二级指标及观测点	
《管道输水灌溉工程质量模糊综合评价方法研究》（何武全，刘群昌，2017）	验收	工程验收资料	工程勘测设计资料、工程施工组织设计、材料检验资料、管道压力试验资料、隐蔽工程记录、监理资料、质量事故处理报告、工程项目划分及各种质量评定资料
		工程质量检查	工程试运行
PASS 评价体系	施工阶段	工程评估、全面评估、承包商表现	
	竣工验收阶段	建筑工程最终评估	
	保修期	维修期评估	
CONQUAS 评价体系	施工阶段	结构工程	
	竣工验收阶段	建筑工程、机电工程	
	保修期	加分项、减分项	
GB/T 50375—2016 标准	地基与基础工程、主体结构工程、屋面工程、装饰装修工程、安装工程、建筑节能工程		
《铁路建设工程质量形势评估研究》（王淑雨，方华，2016）	质量行为问题	建设单位问题、施工单位问题、勘察设计单位问题、监理单位问题、其他单位问题	
	实体质量问题	混凝土与砌体工程、路基工程、桥涵工程、隧道工程、轨道工程、通信工程、信号工程、信息工程、电力工程、电力牵引供电工程	
	质量事故	特大质量事故、重大质量事故、较大质量事故、一般质量事故	

总体而言，对工程质量的评价主要考虑以下思路：

（1）讨论不同类型工程项目的实体质量评价，包括住宅工程、工业建筑工程、市政工程、水利工程、交通工程等质量评价。

（2）基于过程管理思想，综合考虑工程项目的决策、勘察、设计、施工、交付、后评价等不同阶段的实施主体的质量行为进行评价。

（3）综合客观评价与主观感知，从实体工程质量和工程满意度两个维度进行评价。

4.5.2　工程质量评价指标体系

工程质量指数是综合反映一个区域工程质量水平的评价系统。本书基于已有研究及数据的可获取性考虑，从以下三个维度进行评价。第一，工程质量安全。工程质量安全是对工程项目的基本质量要求，是基于质量伤害的角度，对在建工程中因安全事故导致的人员伤亡情况进行评估，是体现工程建设过程安全性的负向指标，可用质量安全事故率和行政处罚占比来测量。第二，工程质量发展。工程质量发展是不断追求卓越、树立标杆方面的结果，可通过工程质量创优，如各类工程国优、省优、市优评奖来反映。第三，工程质量满意。工程质量满意是基于客户视角对工程质量的主观评价进行评价，可通过客户满意度或者投诉进行测度。

工程质量指数指标体系、指标内涵及观测点选择如表 4-12 所示。

表 4-12　　　　　　　　　工程质量指数指标体系及指标内涵

指数	指标	指标内涵及观测点选择
工程质量指数	质量安全事故	该指标反映了基于工程安全角度的质量水平，可通过质量安全事故率即工程项目的平均死亡人数来测量
	行政处罚占比	该指标反映了工程质量满足国家强制性要求的程度，可通过行政处罚罚金占建筑业增加值的比重来测量
	工程质量创优	该指标反映了工程项目得到社会认可的程度和品牌效应，可综合考虑国家、省、地市三个级别的优质工程评优评奖情况综合计算获得
	工程质量满意度	该指标反映了基于客户视角对工程质量的感知情况，可通过政府有关部门或权威机构进行调查获得
	工程质量投诉率	该指标是基于公众视角的工程质量水平的负向指标，可通过所在区域行政主管部门获得的投诉量占工程投资额的比重来测量

1. 质量安全事故

质量安全是工程质量的底线。质量安全事故是基于生产及使用安全视角，对由于工程质量问题对利益相关方，包括施工单位人员、业主等造成损失程度的反映，可通过质量安全事故率，即每个工程项目的平均死亡人数来进行测量。

2. 行政处罚占比

根据《建设工程质量管理条例》和《建设工程勘察设计管理条例》，各地建设工程质量执法监督部门每年对建设工程质量责任主体的行政处罚情况进行统计并上报。行政处罚占比是行政处罚罚金占建筑业增加值的比重，是基于政府监管的视角，工程质量满足国家强制性要求程度的反映。

3. 工程质量创优

工程质量创优指的是建筑工程项目获得相关组织的专业性评价的认可情况，这种认可是独立于客户和政府的社会第三方主体对工程项目的评估，反映了工程项目的先进性和卓越性，可综合考虑国家、省、地市三个级别的工程创优情况，国家级奖项包括"鲁班奖""詹天佑奖""国家优质工程奖"。

4. 工程质量满意度

工程质量满意度是基于客户、业主或公众视角对工程质量整体满意情况的主观评价，可通过政府有关主管部门或通过第三方权威机构开展相关调查、统计、分析获得有关数据。

5. 工程质量投诉率

工程质量投诉率是基于社会公众角度对工程质量反映的负向指标，同时也体现了全社会对工程质量的监督。根据 2019 年住房城乡建设部《关于完善质量保障体系提升建筑工程品质指导意见的通知》，要求"各地应完善建筑工程质量投诉和纠纷协调处理机制，明确工程质量投诉处理主体、受理范围、处理流程和办结时限等事项，定期向社会通报建筑工程质量投诉处理情况"。据此，可通过工程质量投诉量占工程建设投资额的比率测量工程质量投诉率。

第5章　杭州市质量发展指数评价

5.1　杭州市质量发展指数评价体系选择

5.1.1　指标选择及数据来源

根据第 4 章构建的产品质量指数、质量创新能力指数、服务质量指数、环境质量指数和工程质量指数指标体系（见表 4 - 3、表 4 - 5、表 4 - 8、表 4 - 10 和表 4 - 12），兼顾各指数不同维度评价指标相关信息的全面性和数据获取的可行性，本书选择杭州市质量发展指数评价体系，并以 2019 年的数据为例进行实证分析（见表 5 - 1）。

表 5 - 1　　　　　　　杭州市质量发展指数指标体系

指数	指标	数据来源
产品质量指数	产品质量监督抽查合格率	通过综合产品质量监督抽查合格率计算获得。数据来源于《关于 2019 年度杭州市产品质量监督抽查情况的通报》，http：//scjg. hangzhou. gov. cn/art/2019/2/2/art_1228964685_47617028. html
	先进标准实施程度	通过"浙江制造"认证数量测度。数据根据"浙江省品牌建设联合会"官方网站发布的"浙江制造自我声明"数据统计获得

指数	指标	数据来源
产品质量指数	品牌贡献度	根据企业所拥有的中国驰名商标数量计算获得
	消费者投诉率	数据来源于杭州市市场监督管理局公开发布的《举报投诉咨询数据分析报告（2018 年度）》
质量创新能力指数	R&D 经费投入强度	R&D 经费投入强度和新产品产值率均可从统计年鉴直接获得。专利贡献度是拥有的授权专利数量。数据源于杭州市统计信息网公开发布的《2020 杭州统计年鉴》，http：//tjj. hangzhou. gov. cn/art/2020/10/29/art _ 1229453592_3819709. html
	新产品产值率	
	专利贡献度	
	标准化活跃度	通过拥有的标准制定数量测度。杭州市各区域主导和参与制定的国家标准、行业标准和地方标准数量通过国家标准化技术委员会官方网站获取
	质量管理成熟度	通过政府质量奖获奖企业数测度。杭州市各区域企业获得国家质量奖、浙江省质量奖、杭州市质量奖情况从相应的市场监管局官方网站获取
服务质量指数	服务业增加值占地区生产总值比重	通过服务业增加值与各地区生产总值比计算获得。各区县服务业增加值和生产总值可从《2020 杭州统计年鉴》（http：//tjj. hangzhou. gov. cn/art/2020/10/29/art _ 1229453592 _ 3819709. html）直接获得
	人均服务业增加值	通过服务业增加值与各地区人口比计算获得。各区县服务业增加值与各区县人口可以通过《2020 杭州统计年鉴》（http：//tjj. hangzhou. gov. cn/art/2020/10/29/art_1229453592_3819709. html）直接获得
	社会消费品零售总额增速	通过区县的国民经济与社会发展统计公报获得
环境质量指数	环境空气质量优良率	数据来源于《杭州市环境公报（2019 年）》
	地表水环境功能区达标率	
	区域环境噪声	
	工业固体废物利用率	
	环境质量满意度	

指数	指标	数据来源
工程质量指数	质量安全事故率	根据《2019 年度杭州市质量安全监督机构监督管理工作检查情况通报》数据计算获得
	行政处罚占比	
	工程质量创优率	
	工程质量投诉率	

（1）产品质量指数中，由于"质量违法记录"和"顾客满意度"目前均没有公开发布的相关信息，因此在对杭州市进行评价时剔除了这两项指标。但需要说明的是，质量监督执法是市场监管部门的重要职责，质量违法记录是市场监管部门所掌握的数据，各地区在进行实际的产品质量指数分析时是完全可以采集到的数据。

（2）产品质量指数中，"先进标准实施程度"选取了杭州市企业在"浙江制造"认证方面的成效。2013 年以来，浙江省大力发展"浙江制造"，《关于加快"浙江制造"标准制定和实施工作的指导意见》指出，需要坚持政府推动、企业自愿、标准引领、认证推广的原则，加强"浙江制造"标准的有效供给，以高标准推动供给侧结构性改革，引领"浙江制造"高品质发展。因此，"浙江制造"认证是采用先进标准的有效观测点。

（3）质量创新能力指数中，"标准化投入"由于暂时无法获取公开数据而剔除。各地区市场监管部门掌握标准化相关资金支持及专家人才拥有情况，在实际应用时是可以采集到的数据。

（4）服务质量指数中，"服务满意度"尚无可以公开获取的数据。对于杭州市而言，尽管《杭州市举报投诉咨询数据分析报告（2018 年度）》公布了杭州市整体服务业举报投诉情况，但缺乏各区县的具体数据，仍无法满足指数计算的需要，因而剔除了这个指标。

（5）工程质量指数中，由于建筑工程相对而言数据可获取性更高，因此在对杭州市工程质量进行实证研究时仅考虑了建筑工程的有关情况。当数据有更好支撑时，可以全面考虑交通、水利、市政等各类工程质量的综合情况。另外，杭州市于 2020 年首次公开发布质量安全监督检查情况通报《2019 年度杭州市质量安全监督机构监督管理工作检查情况通报》，为指数计算提供给了有力的数据支撑。

5.1.2　权重确定及指数计算方法

1. 权重确定

产品质量指数、质量创新能力指数、服务质量指数、环境质量指数和工程质量指数各指标的权重可通过 AHP、熵权法等方法进行确定。当某一指标需要通过多个观测点综合获得时，则采用加权求和的方式计算获得。其中各个观测点的权重同样通过专家打分、AHP 等方法计算获得。本书着重于说明指标体系的应用和分析过程，简化了指标权重的获取，采用了等权重的方式处理。

2. 指数计算方法

指数的计算分为两种情况，若指数为正向指标，则依据式（5-1）计算：

$$Z = \sum_{k=1}^{n_1} \omega_k \left(a \times \frac{x_{ki} - \min(x_{ki})}{\max(x_{ki}) - \min(x_{ki})} + (1 - a) \right) \qquad (5-1)$$

若指数为负向指标，则依据式（5-2）计算：

$$Z = \sum_{k=1}^{n_1} \omega_k \left(a \times \frac{x_{ki} - \max(x_{ki})}{\min(x_{ki}) - \max(x_{ki})} + (1 - a) \right) \qquad (5-2)$$

式中：ω_k 代表指标权重；x_{ki} 代表第 i 个区县第 k 项指标的值；$\min(x_{ki})$ 代表第 k 项指标中的最小值；$\max(x_{ki})$ 代表第 k 项指标中的最大值；Z 代表指数总得分；a 为常数，在本章的计算过程中，a 取 0.4。

5.2 杭州市产品质量指数

5.2.1 杭州市产品质量概况

1. 杭州市制造业发展概况

随着数字化、网络化、智能化技术的发展和应用，杭州市制造业发展迅速，对经济发展起到了重要的支撑作用。2015～2019 年杭州市规模以上工业总产值、工业增加值及新产品产值等情况如表 5 - 2 所示。

表 5 - 2　　　　　　　2015～2019 年杭州市规模以上工业发展概况

年份	规模以上工业总产值（亿元）	规模以上工业增加值（亿元）	工业增加值占地区生产总值比重（％）	制造业总产值（亿元）	规模以上工业新产品产值（亿元）
2015	12415.68	2875.05	28.61	11471.71	4329.00
2016	12420.96	2990.34	26.43	11493.28	4623.30
2017	12963.76	3184.05	25.26	11950.32	4528.24
2018	14016.41	3415.45	25.28	12873.17	5007.78
2019	14585.45	3481.89	22.65	13381.83	6242.32

2019 年，杭州市规模以上工业总产值达 14585.45 亿元，较 2018 年上涨 4.06%；规模以上工业增加值达 3481.89 亿元，较 2018 年上涨 1.95%。2019 年工业增加值占地区生产总值比重达 22.65%。在从制造大国发展为制造强国的政策背景下，杭州市制造业蓬勃发展，企业创新能力不断提升，规模以上工业新产品产值整体呈上升趋势，2019 年为 6242.32 亿元，较 2018 年上涨 24.65%，涨幅提升 14 个百分点。

近年来，杭州市重点发展的高新技术产业、战略性新兴产业和装备制造业三大新兴产业持续快速发展（见表 5 - 3）。2019 年，高新技术产业增加值达 2178.4 亿元，2015～2019 年平均增幅为 11.04%，其中 2017 年增长最快达 13.6%；战略性新兴产业增加值达 1328.6 亿元，2015～2019 年平均增幅为 12.44%，2017 年增长最快，达 15%；装备制造业增加值达 1640.5 亿元，2015～2019 年平均增幅为 11.26%，2016 年增长最快达 14.6%。

表 5－3　　　2015～2019 年杭州市规模以上工业三大新兴产业发展情况

年份	高新技术产业		战略性新兴产业		装备制造业	
	增加值 （亿元）	增长率 （%）	增加值 （亿元）	增长率 （%）	增加值 （亿元）	增长率 （%）
2015	1212.6	9.8	877.3	9.4	1086.1	13.5
2016	1372.9	12.5	812.1	11.6	1249.6	14.6
2017	1605.5	13.6	979.5	15.0	1384.2	11.0
2018	1948.4	10.8	1135.3	13.1	1531.0	9.3
2019	2178.4	8.5	1328.6	13.1	1640.5	7.9

2. 杭州市产品质量概况

从产品质量监督抽查合格率看，杭州市 2015～2019 年的平均水平为 95.67%，除了 2017 年，其余年份均超过 95%（见图 5－1）。

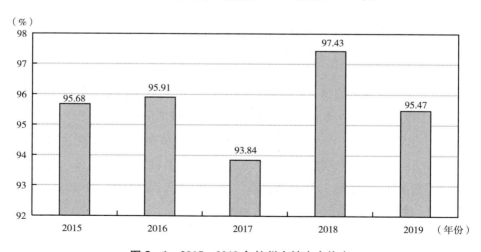

图 5－1　2015～2019 年杭州市抽查合格率

从纺织、轻工、化工、建材、冶金、机械和电子七大行业的产品质量监督抽查合格率（见表 5-4）看，2015~2019 年，电子行业的产品质量监督抽查合格率始终保持在 100% 的最高水平，冶金行业不断提高并在 2019 年也达到了 100% 的水平，机械行业、建材行业、化工行业和轻工行业均保持在 90% 以上。

表 5-4　　2015~2019 年杭州市七大主要行业产品质量监督抽查合格率　　单位：%

年份	纺织行业	轻工行业	化工行业	建材行业	冶金行业	机械行业	电子行业
2015	92.47	93.88	95.27	96.28	89.80	96.52	100.00
2016	87.32	94.03	96.02	99.15	94.34	98.32	100.00
2017	86.05	90.99	97.01	100.00	97.83	96.93	100.00
2018	94.47	94.05	98.32	95.38	97.87	98.24	100.00
2019	92.20	94.44	98.04	99.00	100.00	97.31	100.00

食品质量是公众关注的重点。根据杭州市市场监管局网站的公开数据，杭州市食品生产环节、食品流通环节以及餐饮服务环节的监督抽查合格率均保持在 96% 以上的较高水平（见表 5-5）。整体来看，2017 年总体抽查 6806 批次，合格率为 98.22%；2018 年总体抽查 6769 批次，合格率为 97.28%；2019 年总体抽查 8566 批次，合格率为 97.93%。

表 5-5　　　　　　　　　　2017~2019 年杭州市食品质量抽检情况

抽查环节	指标	2017 年	2018 年	2019 年
食品生产环节	合格数量（批）	2246	1797	2630
	不合格数量（批）	29	66	29
	合格率（%）	98.73	96.46	98.91
食品流通环节	合格数量（批）	2769	2820	2980
	不合格数量（批）	40	65	92
	合格率（%）	98.58	97.75	97.01

抽查环节	指标	2017 年	2018 年	2019 年
	合格数量（批）	1670	1968	2779
餐饮服务环节	不合格数量（批）	52	53	56
	合格率（%）	96.98	97.38	98.02

从品牌建设看，2015～2018 年 4 年间，除了 2016 年比 2015 年增加了 10 件驰名商标，而其余年份，杭州市驰名商标数量变化不大，每年的增长保持在 2～4 件（见图 5-2）。

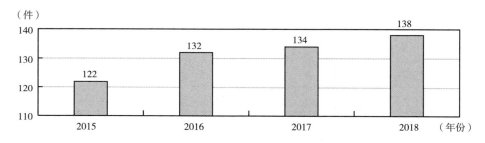

（件）

图 5-2 2015～2018 年杭州市驰名商标数量

另外，"浙江制造"作为浙江省标杆企业和产品的区域公共品牌，是"企业高质量、产品高品质"的代名词，这一模式围绕"区域品牌、先进标准、市场认证、国际认同"四大核心，以"质量第一、创新驱动、履责守信"为核心价值观，通过"标准 + 认证"为抓手，双轮驱动高标准、高品质的企业培育，引领全省制造业、服务业、农业、建筑业、生态环保等领域高质量发展。近年来，杭州市紧跟浙江省"浙江制造"品牌建设步伐，在"浙江制造"标准制定、"浙江制造"企业培育等方面快速发展，各项指标取得了长足的进步。

根据浙江省品牌建设联合会网站公布的数据，截至 2020 年，杭州共取得"浙江制造"标准 316 项，通过"浙江制造"产品认证 312 项，如图 5-3 所示。2019 年，杭州市新增浙江制造标准数量 80 项，比 2018 年（89 项）减少 9 项，新增浙江制造产品认证 89 项，比 2018 年（47 项）

增加 42 项。

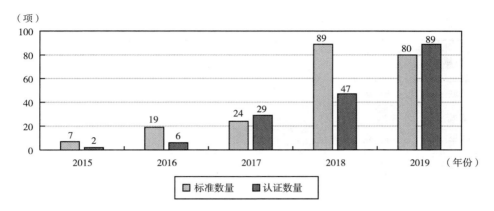

图 5 - 3　2015 ~ 2019 年杭州市"浙江制造"标准发布及认证情况

根据杭州市市场监督管理局举报投诉数据分析报告公布的数据，2017 ~ 2019 年市场监管举报投诉指挥平台接到的投诉举报量均呈上升趋势，且增速有所增加，投诉数量远大于举报数量（见图 5 - 4）。

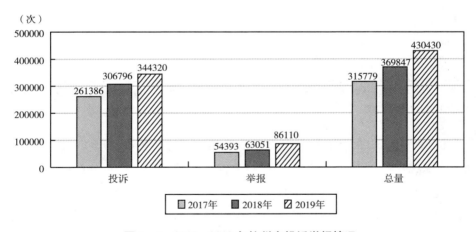

图 5 - 4　2017 ~ 2019 年杭州市投诉举报情况

5.2.2　杭州市各区县产品质量原始数据

产品质量指数计算的基础数据来源于杭州市各区产品质量监督抽查报告、

历年的《杭州统计年鉴》等，2019 年基础数据如表 5-6 所示。

表 5-6　　　　　2019 年杭州市各区县产品质量指数计算基础数据

区域	批次合格率（%）	中国驰名商标持有量（件）	"浙江制造"认证数量（项）	消费者投诉数（投诉＋举报）（次）
上城区	91.18	13	0	11809
下城区	96.67	6	0	18792
江干区	87.36	5	3	28796
拱墅区	98.73	7	1	19586
西湖区	97.75	15	2	28894
滨江区	89.36	17	14	31139
萧山区	96.87	29	21	20470
余杭区	93.61	22	21	147388
桐庐县	98.48	4	5	5508
淳安县	96.77	4	0	3285
建德市	98.98	4	6	1880
富阳区	97.85	9	9	2724
临安区	97.54	2	7	4181

注：2019 年中国驰名商标暂停评选，本表选用 2018 年的数据；2019 年未公布具体区县投诉数，本表选用 2018 年的数据。

杭州市各区县的产品质量监督抽查合格率整体维持在 90% 以上，建德市最高（98.98%），比最低值江干区（87.36%）高 11.63 个百分点；萧山区和余杭区"浙江制造"认证数量最多（21 项）；余杭区的消费者投诉数量远远高于其他区县（147388），而建德市消费者投诉举报数（1880 次）为全市最低。

5.2.3　杭州市各区县产品质量指数比较分析

根据式（5-1）计算 2019 年杭州市各区县产品质量指数如表 5-7 所

示。杭州市产品质量指数平均得分 81.82，中位数为 81.94，7 个区县得分高于杭州市平均水平，其中，得分最高为萧山区（96.91），最低为江干区（70.69）。

表 5 – 7   2019 年杭州市各区县产品质量指数

地区	产品监督抽查合格率	先进标准实施程度	品牌贡献率	消费者投诉率	产品质量指数
上城区	73.15	60.00	76.30	97.27	76.68
下城区	92.05	60.00	65.93	95.35	78.33
江干区	60.00	65.71	64.44	92.60	70.69
拱墅区	99.14	61.90	67.41	95.13	80.90
西湖区	95.77	63.81	79.26	92.57	82.85
滨江区	66.88	86.67	82.22	91.96	81.93
萧山区	92.74	100.00	100.00	94.89	96.91
余杭区	81.51	100.00	89.63	60.00	82.79
桐庐县	98.28	69.52	62.96	99.61	82.59
淳安县	92.39	60.00	62.96	100.00	78.84
建德市	100.00	71.43	62.96	99.77	83.54
富阳区	96.11	77.14	70.37	99.00	85.66
临安区	95.04	73.33	60.00	99.37	81.94
平均数	87.93	73.04	72.65	93.66	81.82
中位数	92.74	69.52	67.41	95.35	81.94

产品质量监督抽查合格率是最直观了解产品质量整体情况的指标。2019 年，杭州市各区县产品合格率平均得分 87.93，得分中位数为 92.74，9 个区县该指标高于杭州市平均水平。各区县产品监督抽查合格率的整体水平较高，得分最高的 3 个区县依次是建德市（100）、拱墅区（99.14）、桐庐县（98.28），得分最低的 3 个区县分别为上城区（73.15）、滨江区（66.88）、江干区（60）。结合原始数据可知，近年来，各区县产品监督抽查

合格率均在提高，除个别地区在 85%~90% 外，大部分地区均已提高到95% 左右。

先进标准实施程度是采用并执行先进标准程度的指标，同时也反映了产品的先进性。2019 年杭州市各区县先进标准实施程度平均得分 73.04，中位数得分为 69.52，整体水平欠佳，除萧山区和余杭区外，其余区县均未超过90 分，80~90 分的也仅有滨江区 1 个，高于全市平均得分的仅有 5 个。先进标准实施程度得分前 3 的区县为萧山区、余杭区和滨江区，其中萧山区和余杭区均为 100，这两个区在"浙江制造"认证方面表现卓越；得分最低的 3 个区县为淳安县、上城区和下城区，均为 60。

品牌贡献度代表了优质产品质量信号在市场中的传播能力，是反映优质产品质量影响力的指标。杭州市各区县品牌贡献度平均得分 72.65，得分中位数为 67.41，整体水平欠佳，13 个区县中除萧山区外，其余区县得分均未超过 90，仅 5 个区县该指标高于杭州市平均水平。品牌贡献度得分最高的 3 个区县依次是萧山区（100）、余杭区（89.63）、滨江区（82.22），得分最低的四个区县分别为临安区（60）、桐庐县（62.96）、淳安县（62.96）以及建德市（62.96）。得分最高的萧山区在助推企业提升品牌建设能力方面有一些创新性的做法：建立品牌指导服务站（截至 2020 年 12 月已建成 3 家），为企业提供知识产权综合服务以及商标管理、品牌建设等方面的政策咨询服务，帮助企业发掘专利、商标、版权等知识产权的引领作用；成立中国中小商业企业协会品牌服务分会，组织并推动中小企业品牌建设，促进区域内企业的品牌合作与交流；为企业品牌建设提供资助，如为农产品品牌建设以奖代补资金、奖励"浙江制造"标准制定企业等；助力企业策划品牌出海营销方案，如与高校合作建立品牌出海人才服务体系，通过组织课堂学习、内容实战、竞赛、项目汇报等多种形式的活动，为产品制作独特的宣传材料，同时定向培养跨境电商和品牌出海的人才等。这些针对企业需求的措施有效地推动了当地企业品牌建设能力。

消费者投诉率是反映消费者对产品质量满意程度的负向指标。2018 年消费者投诉率平均得分为 93.66，中位得分为 95.35，13 个区县中 12 个区县得分高于 90，9 个区县得分高于杭州市平均得分，得分在 99 分以上的有 5 个区县，其中排名前 3 的是淳安县（100）、建德市（99.77）、桐庐县（99.61）；该项指标得分最低的是余杭区（60）。余杭区是某大型电商平台公司所在区域，电商产品引起的投诉占比高，因此该项指标对于余杭区而言具有一定的特殊性，其更多的是反映了电商产品整体质量水平。因此，杭州市消费者投诉整体情况良好，但应更多关注电商产品。

从杭州市现状看，产品质量监督抽查合格率整体情况良好，且差异不大、波动不大；消费者投诉率除余杭区外整体较好；品牌贡献度整体得分不高；先进标准实施程度区县之间差异较大，呈现两极分化。杭州市产品质量总体而言已从以质量安全为重走向以质量发展为重，如何通过品牌建设推动质量整体水平阶跃是各区县的发展方向。从雷达图（见图 5 - 5）可以看到，萧山区在品牌贡献率（100）和先进标准实施程度（100）中都做得很好，两项指标均远超杭州市平均水平（72.65、73.04），而它的产品质量监督抽查合格率以及消费者投诉率得分也均在 90 以上，故成为杭州市产品质量得分最高的区县。综合得分最低的区县为江干区（70.69），其中产品质量监督抽查合格率全市最低（60），先进标准实施程度和品牌贡献率排名也处于杭州市下游水平，改进空间较大。

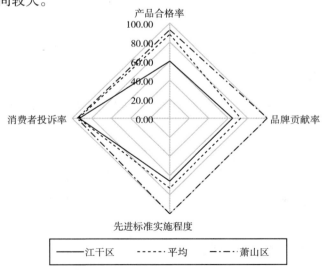

图 5 - 5　2019 年杭州市产品质量指数雷达图

5.3 质量创新能力指数分析

5.3.1 杭州市质量创新概况

1. 技术创新

2015 年以来，杭州市研发投入（R&D）稳定提升（见表 5 - 8），2019 年杭州全社会 R&D 经费投入为 530.42 亿元，较 2018 年增加 66.17 亿元，增长幅度为 14.25%，相较于前两年增速相对回落，但增加势头依旧明显。2019 年规模以上企业 R&D 投入为 296.9 亿元，较 2018 年增加 28.62 亿元，增长率为 10.67%。

表 5 - 8 **2015 ~ 2019 年杭州市 R&D 经费投入**

年份	全社会 R&D 投入 （亿元）	规上企业 R&D 投入 （亿元）	R&D 投入占比 （%）
2015	302.19	198.06	3.0
2016	346.36	215.03	3.1
2017	396.82	241.93	3.2
2018	464.25	268.28	3.3
2019	530.42	296.90	3.4

2015 年以来，杭州市各领域申请专利积极性持续提升（见图 5 - 6），尤其是发明专利的申请占比由 2015 年的 29.2% 增加到 2019 年的 38.17%。2019 年杭州市专利申请合计 113562 件，比 2018 年增加 15166 件，增长了 15.41%。2019 年杭州市发明专利共申请 43347 件，比 2018 年多增加 6809 件，增长率为 18.64%。2019 年杭州市共授权专利 61568 件，较 2018 年增加 6189 件，增长率为 11.18%。2019 年发明专利授权数量合计 11748 件，占总

专利授权量的 19.08%，比 2018 年增加 1481 件。

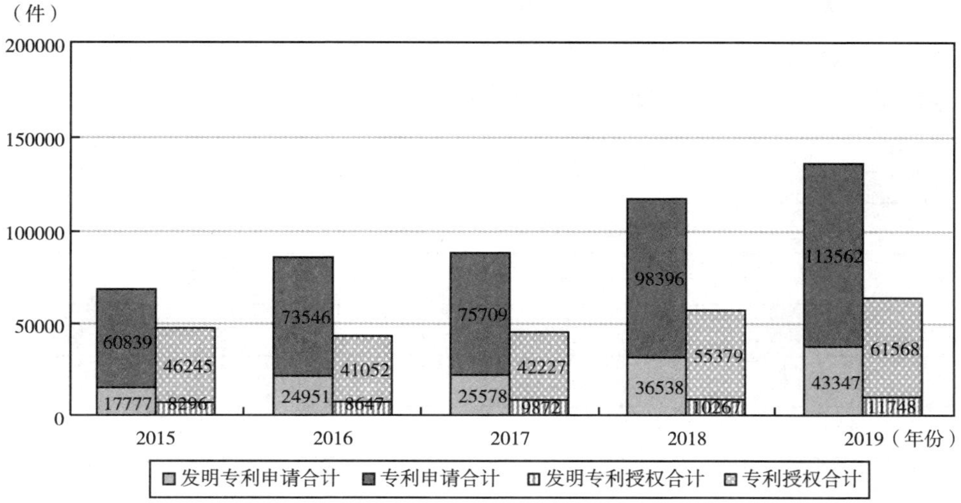

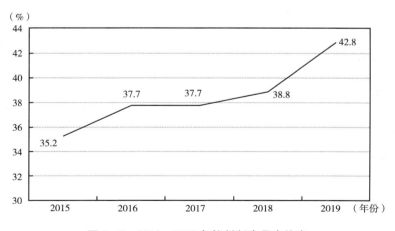

（件）

图 5 - 6　2015 ~ 2019 年杭州市专利申请及授权情况

2015 年以来杭州市新产品产值率呈现持续增长的趋势（见图 5 - 7），2019 年杭州市新产品产值率为 42.8%，较 2018 年增加 4%，增长幅度为 10.3%，为近五年来最大，增长势头明显。

图 5 - 7　2015 ~ 2019 年杭州新产品产值率

近年来杭州市数字经济获得快速发展，并成为经济发展重要动力。2019

年杭州市数字经济主营业务收入为 11296 亿元，数字经济增加值为 3796 亿元。数据中，2018 年起采用浙江数字经济口径，之前为杭州信息经济口径；2018年数字经济主营业务收入于统计年鉴中缺失；2016 年统计年鉴开始增加信息经济指标。近四年杭州市数字经济发展情况见表 5-9。

表 5-9　　　　　　　　**2016~2019 年杭州数字经济指标**　　　　单位：亿元

年份	主营业务收入	增加值
2016	6814	2688
2017	8936	3216
2018	—	3356
2019	11296	3795

2. 标准化能力

截至 2018 年，杭州市共承担国际标准化技术委员会 3 个、国家标准化技术委员会 30 个（见表 5-10）以及浙江省地方标准化技术委员会 42 个。其中全国电子商务质量管理标准化技术委员会（SAC/563）于 2016 年落户杭州、电子商务交易保障标准化技术委员会（ISO/TC 321）于 2019 年落户杭州，杭州作为"电子商务之都"在电子商务标准话语权方面获得突破性进展，形成了"标准创新 + 技术创新 + 商业模式创新"的综合优势。

表 5-10　　　　　**杭州市承担国家级以上标准化技术委员会情况**

序号	编号	名称	秘书处担任单位	级别
1	ISO/TC34/SC8	国际标准化组织茶叶分技术委员会联合秘书处	中华全国供销合作总社杭州茶叶研究院与浙江省茶叶集团股份有限公司	国际
2	ISO/TC8/SC13	国际标准化组织船舶与海洋技术组织海洋技术分技术委员会	国家海洋二所	国际
3	ISO/TC321	国际标准化组织电子商务交易保障标准化技术委员会	国家电子商务产品质量监测处置中心（杭州）	国际

续表

序号	编号	名称	秘书处担任单位	级别
4	SAC/TC31/SC7	全国气瓶标准化技术委员会/气瓶充装分技术委员会	杭州新世纪混合气体有限责任公司	全国
5	SAC/TC31/SC8	全国气瓶标准化技术委员会/车用高压燃料气瓶分技术委员会	浙江大学化工机械研究所/浙江金盾压力容器有限公司	全国
6	SAC/TC64/SC8	全国食品工业标准化技术委员会/食品通用检测分技术委员会	杭州市质量技术监督检测院	全国
7	SAC/TC98/SC2	全国滚动轴承标准化技术委员会/滚针轴承分技术委员会	万向钱潮股份有限公司	全国
8	SAC/TC101	全国轻工机械标准化技术委员会	杭州轻工机械设计研九所	全国
9	SAC/TC103/SC1	全国光学和光学仪器标准化技术委员会/医用光学和仪器分技术委员会	浙江省医疗器械检验所	全国
10	SAC/TC107	全国照相机械标准化技术委员会	杭州照相机械研究所	全国
11	SAC/TC107/SC1	全国照相机械标准化技术委员会/照相机分技术委员会	杭州照相机械研究所	全国
12	SAC/TC107/SC2	全国照相机械标准化技术委员会/照相器材与图像输出设备分技术委员会	杭州照相机械研究所	全国
13	SAC/TC107/SC3	全国照相机械标准化技术委员会/彩色扩印设备分技术委员会	杭州照相机械研究所	全国
14	SAC/TC124/SC8	全国工业过程测量和控制标准化技术委员会/智能记录仪表分技术委员会	浙江中控自动化仪表有限公司	全国
15	SAC/TC125/SC1	全国教学仪器标准化技术委员会/力学、热学仪器分技术委员会	浙江省教育装备和勤工俭学管理中心	全国
16	SAC/TC127/SC1	全国油墨标准化技术委员会/基础及产品分技术委员会	杭州邦特油墨公司	全国

序号	编号	名称	秘书处担任单位	级别
17	SAC/TC134/SC1	全国染料标准化技术委员会/印染助剂分技术委员会	浙江传化股份有限公司	全国
18	SAC/TC195	全国轻质与装饰装修建筑材料标准化技术委员会	中国新型建材工业杭州设计研究院	全国
19	SAC/TC206/SC2	全国气体标准化技术委员会/混合气体分技术委员会	杭州新世纪混合气体有限责任公司	全国
20	SAC/TC224/SC3	全国照明电器标准化技术委员会/光辐射测量分技术委员会	杭州远方光电信息有限公司	全国
21	SAC/TC231/SC2	全国工业机械电气系统标准化技术委员会/机床电气系统分技术委员会	杭州机床集团有限公司	全国
22	SAC/TC283/SC3	全国海洋技术委员会/海洋调查技术与方法分技术委员会	国家海洋二所	全国
23	SAC/TC339	全国茶叶标准化技术委员会	中华全国供销合作总社杭州茶叶研究院	全国
24	SAC/TC356/SC1	全国制药装备标准化技术委员会/中药炮制机械分技术委员会	杭州春江自动化研究所	全国
25	SAC/TC401	全国丝绸标准化技术委员会	浙江丝绸科技有限公司（浙江丝绸科学研究院）	全国
26	SAC/TC436/SC1	全国包装机械标准化技术委员会/成型装填封口集合机械分技术委员会	杭州永创机械有限公司	全国
27	SAC/TC490	全国休闲食品标准化技术委员会	浙江省方圆检测集团股份有限公司	全国
28	SAC/TC504	全国气体分离与液化设备标准化技术委员会	杭州制氧机研究所	全国
29	SAC/TC519	全国白蚁防治标准化技术委员会	浙江省白蚁防治中心	全国

续表

序号	编号	名称	秘书处担任单位	级别
30	SAC/TC551	全国食品加工机械标准化技术委员会	轻工业杭州机电设计研究院	全国
31	SAC/TC284/SC4	全国光辐射安全和激光设备标准化技术委员会/非相干光辐射安全分技术委员会	杭州浙大三色仪器有限公司	全国
32	SAC/TC563	全国电子商务质量管理标准化技术委员会	杭州国家电子商务产品质量监测处置中心	全国
33	SAC/TC206/SC3	全国气体标准化技术委员会/含氮气体分技术委员会	浙江省化工研究院	全国

企业积极参与标准化创新,在"浙江省标准化创新贡献奖"评选中,2018 年和 2020 年共有 3 个项目获得重大贡献奖,13 个项目获得优秀贡献奖(见表 5－11)。

表 5－11　　　　2018 年和 2020 年浙江省标准创新贡献奖名单

年份	获奖项目	获奖单位	获奖类型
2018	主导制定《出生缺陷综合预防规范》省地方标准	浙江大学医学院附属儿童医院	重大贡献奖
	主导制定载入国际药典和中国药典的系列药品标准	浙江省食品药品检验研究院	优秀贡献奖
	主导制定《台风型风力发电机组》国家标准	浙江运达风电股份有限公司	优秀贡献奖
	主导制定地下空间绿色支护标准体系	浙江省建筑设计研究院	优秀贡献奖
	主导制定竹炭相关系列标准	浙江农林大学工程学院	优秀贡献奖
	主导制定《丝　生丝疵点、条干电子检测试验方法》等 3 项国际标准和国家标准	浙江丝绸科技有限公司	优秀贡献奖
	主导制定《铁皮石斛生产技术规程》系列标准	浙江省中药材产业协会	优秀贡献奖

年份	获奖项目	获奖单位	获奖类型
2020	主导制定制冷剂用氟代烯烃系列国家标准（重大）	浙江省化工研究院有限公司	重大贡献奖
	主导制定《物联网身份管理关联开放服务》国际标准（重大）	阿里巴巴（中国）有限公司	重大贡献奖
	主导制定名优茶系列地方标准	浙江省农业技术推广中心	优秀贡献奖
	主导制定小水电技术导则系列国际标准	国际小水电中心	优秀贡献奖
	主导制定火力发电厂分散控制系统运行维护与试验系列国际标准和国内标准	国网浙江省电力有限公司电力科学研究院	优秀贡献奖
	为主承担纺织产业改造提升省级标准化试点	浙江省轻工业品质量检验研究院	优秀贡献奖
	主导制定载入国际药典和中国药典的抗结核病药品系列标准	浙江省食品药品检验研究院	优秀贡献奖
	主导制定《道路照明灯具》"浙江制造"标准	杭州华普永明光电股份有限公司	优秀贡献奖
	主导制定《移动应用内置广告垃圾信息治理技术框架》国际标准	浙江蚂蚁小微金融服务集团股份有限公司	优秀贡献奖

根据《浙江省标准化白皮书（2019）》中针对全省 3.5 万家规模以上制造企业的统计，杭州市企业标准化经费投入为 807.1 万元/家，在浙江省排第 1 位。2016~2018 年，杭州市累计参与制定国际标准 30 项、国家标准 192 项、行业标准 518 项、浙江省地方标准 178 项。

3. 质量管理水平

杭州市企业积极导入卓越绩效模式等先进质量管理方法，2015~2019 年累计 1 家企业获得中国质量奖提名奖、7 家企业获得浙江省政府质量奖、7 家企业获得浙江省政府质量奖提名奖、5 家企业获得省政府质量管理创新奖（见表 5-12），6 家企业获得杭州市政府质量奖、6 家企业获得杭州市政府质量奖提名奖。

表 5 – 12　　　　　　　　**杭州市企业获得政府质量奖情况**

奖项	企业名称	年份
中国质量奖提名奖	杭州汽轮机股份有限公司	2016
浙江省政府质量奖	浙江西子富沃德电机有限公司	2015
	浙江吉利控股集团有限公司	2017
	杭州中美华东制药有限公司	2017
	杭州海康威视数字技术股份有限公司	2019
	瀚晖制药有限公司	2019
	杭州西奥电梯有限公司	2019
	浙江开元酒店管理股份有限公司	2019
浙江省政府质量奖提名奖	浙江双环传动机械股份有限公司	2015
	浙江开元酒店管理有限公司	2015
	浙江吉利控股集团有限公司	2015
	杭州西奥电梯有限公司	2017
	浙江双环传动机械股份有限公司	2017
	浙江开元酒店管理有限公司	2017
	浙江迪安诊断技术股份有限公司	2017
省政府质量管理创新奖	贝达药业股份有限公司	2019
	浙江双环传动机械股份有限公司	2019
	杭州千岛湖发展集团有限公司	2019
	浙江大学医学院附属邵逸夫医院	2019
	杭州中亚机械股份有限公司	2019

5.3.2　杭州市各区县质量创新能力指数原始数据

产品创新质量能力指数基础数据如表 5 – 13 所示，其主要来源于《杭州统计年鉴》、杭州市各区县《国民经济与社会发展统计公报》以及杭州市政府统计网站数据。

表 5-13　　2019 年杭州市各区县产品创新质量指数计算基础数据

地区	R&D经费投入强度（%）	新产品产值率（%）	专利贡献度			标准化活跃程度				质量管理成熟度		
			授权发明专利（件）	授权实用新型（件）	授权外观设计（件）	国际标准（项）	国家标准（项）	行业标准（项）	地方标准（项）	国家质量奖（个）	省政府质量奖（个）	市政府质量奖（个）
杭州市	3.44	38.8	11748	36326	13494	14	78	79	59	1	9	6
上城区	0.56	6.1	177	947	507	1	2	4	0	0	0	0
下城区	1.41	46.4	1115	1753	602	0	7	18	0	1	0	0
江干区	1.19	33.2	264	1135	766	0	4	3	1	0	1	2
拱墅区	1.16	46.4	182	1190	603	1	5	2	4	0	1	0
西湖区	4.48	43.7	3178	3361	1193	1	19	10	0	0	1	0
滨江区	11.03	58.3	2939	4612	2790	1	7	3	1	0	1	0
萧山区	2.57	35.3	545	6028	886	0	10	11	3	0	1	1
余杭区	3.86	49.3	982	8904	2623	1	11	5	1	0	2	1
桐庐县	1.74	50.8	61	724	1070	0	0	0	2	0	0	0
淳安县	0.53	12.2	24	338	169	0	0	0	0	0	1	0
建德区	1.58	47.5	45	290	287	0	0	5	0	0	1	0
富阳区	1.97	39.8	395	1997	352	0	1	8	1	0	1	0
临安市	2.89	43.9	219	2239	497	9	5	2	0	0	0	1

　　注：2019 年杭州各区 R&D 投入强度和各区标准制定数量无法获取，故使用 2018 年的数据。2019 年没有评选浙江省政府质量奖，故使用 2018 年的数据。

　　2018 年，滨江区（11.03%）连续四年保持杭州市 R&D 投入强度最高，淳安县（0.53%）是 R&D 投入强度最低的区县。2019 年，新产品产值率滨江区（62.2%）最高，上城区（3.7%）最低，但在趋势上也呈现上升态势；专利申请数量余杭区最高，达到 12509 项，比最低的淳安县（531 项）多出

11978 项，相较于前一年增加了 973 项，涨幅也为全市最高；制定标准数量西湖区（30 项）最高，淳安县（0 项）最低。余杭区和江干区在 2018～2019 年各有 3 家企业获评省政府质量奖和市政府质量奖，为全市最多，上城区、桐庐县和建德市为 0。

从纵向来看，R&D 经费投入强度、新产品产值率、专利数量和标准制定数量这四个指标排名第一名的区县在 2016～2019 年之中均保持未变，其中，滨江区的 R&D 经费投入强度、新产品产值率名列前茅，远超其他区县，余杭区的专利数量自 2016 年以来一直保持第一。自 2018 年以来，西湖区的标准制定数量指标长期稳居杭州市第一。

5.3.3　杭州市各区县产品创新质量指数比较分析

根据式（5-1）计算 2019 年杭州市各区县产品创新质量指数。

2019 年杭州市各区县产品创新质量指数平均得分 75.90，得分中位数为 75.88，46.15% 的区县得分高于杭州市平均水平，其中，得分最高为余杭区（89.96），最低为上城区（62.62）。计算结果如表 5-14 所示。

表 5-14　　　　　　　2019 年杭州市各区县产品创新质量指数

地区	R&D 投入强度	新产品产值率	专利贡献度	标准化活跃度	质量管理成熟度	产品创新质量指数
上城区	60.11	60.00	63.67	69.33	60.00	62.62
下城区	63.35	90.88	69.81	93.33	73.33	78.14
江干区	62.51	80.77	65.46	70.67	100.00	75.88
拱墅区	62.40	90.88	64.82	76.00	73.33	73.49
西湖区	75.05	88.81	84.05	100.00	86.67	86.91
滨江区	100.00	100.00	92.76	76.00	73.33	88.42
余杭区	72.69	93.10	100.00	84.00	100.00	89.96
萧山区	67.77	82.38	83.14	82.67	86.67	80.52

地区	R&D 投入强度	新产品产值率	专利贡献度	标准化活跃度	质量管理成熟度	产品创新质量指数
桐庐县	64.61	94.25	64.42	62.67	60.00	69.19
淳安县	60.00	64.67	60.00	60.00	73.33	63.60
建德市	64.00	91.72	60.30	68.00	60.00	68.81
富阳区	65.49	85.82	67.39	73.33	73.33	73.07
临安区	68.99	88.97	68.09	81.33	73.33	76.14
平均分	68.23	85.56	72.61	76.72	76.41	75.90
中位数	64.61	88.97	67.39	76.00	73.33	75.88

R&D 经费投入强度为企业 R&D 经费支出与地区生产总值之比，反映了一个区域内企业在科技创新方面的努力程度。2018 年，杭州市各区县 R&D 经费投入强度平均得分为 68.23，其中 4 个区县超过了平均值，中位值为 64.61，整体水平有待提升；13 个区县中除滨江区外，其余区县没有得分超过 80 的，得分前 3 的区县是滨江区（100）、西湖区（75.05）、余杭区（72.69），得分最低的 3 个区县分别为下城区（63.35）、上城区（60.11）和淳安县（60）。其中，得分最高的滨江区重视自主创新高端发力，全区研究和试验发展经费支出 150 亿元，与地区生产总值之比达 11%。

新产品产值率是新产品产值占规模企业产品总产值的比率，是以价值形态反映企业的产品结构和开发新产品能力的定量指标，体现了企业满足市场的创新能力。2019 年，杭州市各区县新产品产值率平均得分为 85.56，9 个区县超过了平均值，中位分为 88.97，杭州市整体新产品产值率较高。该指标得分前 3 的区县是滨江区（100）、桐庐县（94.25）和余杭区（93.10），得分最低的 3 个区县是江干区（80.77）、淳安县（64.67）和上城区（60）。滨江区持续推出人才新政，引进各类人才数量在全市处于前列，高新人才的引进有利于提升区域内企业的创新能力。滨江区同时也持续优化创新生态环境，增加孵化器、双创基地的同时也承办许多高技术活动，为企业的创新提供良好的发展空间和环境。

专利贡献度反映了区域专利的申请与保护强度，体现了区域整体创新能力，这一指标也是营商环境测度中重要的考察维度，受到越来越多的关注。2019 年杭州市各区县专利贡献度得分平均值为 72.61，4 个区县超过了平均值，中位值为 67.39，得分前 3 的区县是余杭区（100）、滨江区（92.76）、西湖区（84.05），得分最低的 3 个地区分别为上城区（63.67）、建德市（60.30）、淳安县（60）。余杭区作为该项指标得分最高的区县，坚持创新为第一动力的理念，不断激发区域的发展活力和潜力，湖畔大学开工、之江实验室园区工程奠基、南湖达摩小镇启动规划设计、人工智能小镇入选省级创建名单等项目的实施为企业自主创新提供了肥沃的土壤，该区的专利申请数量是其创新能力很好的展示。

标准化活跃度反映了一个区域在参与各类标准化活动中所获得的成效。2018 年，杭州市各区县标准化活跃度平均得分为 76.72，5 个区县超过了平均值，中位数为 76，仅 2 个区县得分超过 90、5 个区县超过 80，整体水平有待提升。该指标得分前 3 的区县是西湖区（100）、下城区（93.33）和余杭区（84.00），得分最低的 3 个地区分别为建德市（68.00）、桐庐县（62.67）和淳安县（60）。

质量管理成熟度通过中国质量奖、省政府质量奖、市政府质量奖的获得数量综合体现。2018 年杭州市各区县质量管理成熟度平均得分为 76.41，中位数得分为 73.33，4 个区县超过全市平均水平；余杭区和江干区为表现最好的区县，均为 100；上城区、桐庐县和建德市得分均为 60。

根据产品质量创新指数雷达图（见图 5 - 8），余杭区是全市产品创新质量得分最高的区县，其在专利贡献率、质量管理成熟度两方面优势明显，其他指标也处于较好的相对水平，但从雷达图的平均线比较中看到，余杭区在 R&D 投入强度方面需要继续加强。上城区在新产品产值率和质量管理成熟度方面为全市最低，其余的指标也都没有超过 70，质量创新能力有待大幅提升。从雷达图的平均分线可以看到，全市的 R&D 投入强度得分表现均不是特别出色，需要着重关注。

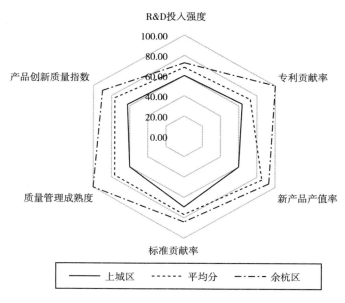

图 5 - 8　2019 年杭州市产品创新质量指数雷达图

5.4　服务质量指数实证分析

5.4.1　杭州市服务质量概况

近年来，杭州市服务业发展较快，在地区生产总值增长中，服务业贡献率超过一半，达到 66.17%。2019 年杭州市的服务业增加值达到 10172 亿元，占浙江省第三产业生产总值的 30.2%，相比 2018 年，增长了 8%，高于全国服务业增加值增长幅度，比第二产业增加值高出 108.66%。近 5 年的服务业增加值与增长率情况如图 5 - 9 所示。

2016 ~ 2019 年，杭州市人均生产总值增速出现较小的上升后有所放缓，人均社会消费品零售总额增速波动较大（见图 5 - 10）。2019 年杭州市人均生产总值 152465 元较 2018 年的 148456 元增加 4009 元，增速下降 2.5 个百分

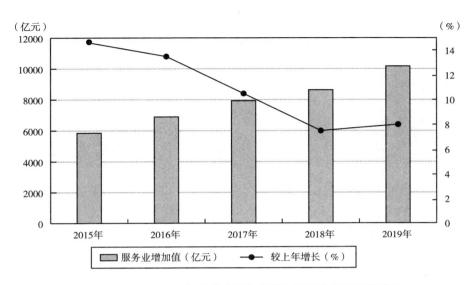

图 5 - 9　2015～2019 年杭州市服务业增加值及增长率发展情况

点；人均社会消费品零售总额 61368 元较 2018 年的 59041 元增加 2327 元，增速提高 5.5 个百分点，经济活力不断提升。

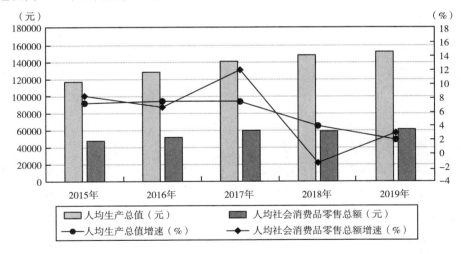

图 5 - 10　2015～2019 年杭州市人均生产总值及人均社会消费品零售总额

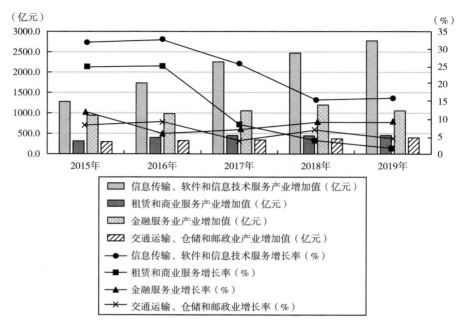

图 5 – 11　2015～2019 年杭州市服务业各细分产业服务增加值与增长率

从服务业各细分产业的增加值和增长率来看（见图 5 – 11），2015～2019年增加值最高且增幅最快的是信息传输、软件和信息技术服务，年增加值远远领先于其他产业，增长率保持在 15％以上。2019 年，服务业各细分产业增幅最快的依次是信息传输、软件和信息技术服务，较上年增长 15.9％；金融服务业较上年增长 9.1％；交通运输、仓储和邮政业较上年增长 4.4％；租赁和商业服务产业较上年增长 1.6％。从发展趋势上看，各产业的增速均不同程度地放缓，金融服务业以及交通运输、仓储和邮政业增速稳定；租赁和商业服务产业增速自 2017 年起出现快速下降，在全市生产总值中的贡献略高于交通运输、仓储和邮政业；信息传输、软件和信息技术服务业增速虽然下降但仍处在较高水平，该产业由于基数较大，其增加值将继续维持较高的增长量，是服务业中的重要支撑产业。

5.4.2　杭州市各区县服务质量指数原始数据

根据杭州市各区县的国民经济和社会发展统计公报，获得 2019 年服务质量指数 4 项指标的原始数据，如表 5-15 所示。

表 5-15　　　　2019 年杭州市各区县服务质量指数计算原始数据

地区	服务业增加值（亿元）	地区生产总值（亿元）	社会消费品零售总额增速（%）	人均服务业增加值（万元/人）
上城区	771.41	1171.4	8.50	24.18
下城区	1007.5	1049.6	8.50	23.78
江干区	815.2	949.4	8.70	16.44
拱墅区	522.6	662.16	8.30	13.17
西湖区	1289.2	1415.8	8.60	17.21
滨江区	847.89	1592.2	10.00	30.48
萧山区	1022.7	1847.66	10.00	8.60
余杭区	2118.46	2824.02	9.40	18.23
桐庐县	183.76	386.39	9.00	4.39
淳安县	138.4	254.5	8.20	3.02
建德市	163.18	383.24	8.60	3.20
富阳区	397.2	820.5	8.80	5.78
临安区	269.81	572.94	9.00	5.00

从服务业的发展基础来看（见图 5-12），2019 年，余杭区的服务业增加值最高，为 2118.46 亿元，比最低值淳安县的 138.4 亿元高 1980.06 亿元；滨江区服务业整体发展情况较好，连续 5 年人均服务业增加值处于杭州市各区县最高水平 30.48 万元/人，比最低值淳安县的 3.02 万元/人高27.46 万元/人。

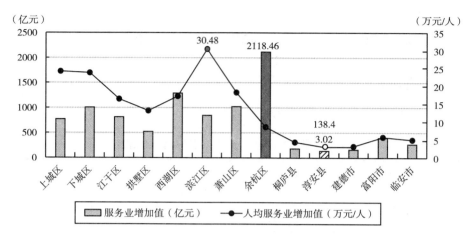

图 5 – 12   2019 年杭州市各区县服务业增加值及人均服务业增加值

从服务业的发展潜力来看（见图 5 – 13），2019 年，余杭区的生产总值最高，为 2824.02 亿元，比最低值淳安县的 254.5 亿元高 2569.52 亿元，对比 2015～2019 年 5 年数据，杭州市生产总值最高与最低区县的差值绝对值不断拉大，各区县间的发展差异有所扩大。

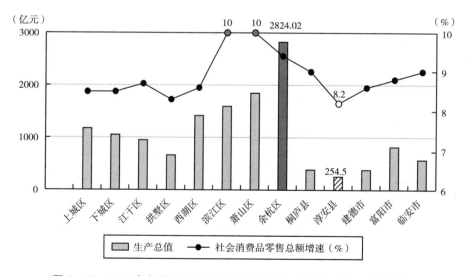

图 5 – 13   2019 年杭州市各区县生产总值及社会消费品零售总额增速

5.4.3　杭州市各区县服务质量指数比较分析

依据式（5－1）和式（5－2），对杭州市各区县服务质量指数进行计算，结果如表5－16所示。2019 年杭州市各区县服务质量指数平均得分75.67，得分中位数为78.31，7 个区县得分高于杭州市平均水平，其中，得分最高的是滨江区（89.33），最低的是淳安县（62.95）。

表 5－16　　　　　　　　2019 年杭州市各区县服务质量指数

地区	服务业增加值占生产总值比重	社会消费品零售总额增速	人均服务业增加值	服务质量指数
上城区	77.43	66.67	90.83	78.31
下城区	100.00	66.67	90.24	85.64
江干区	92.42	71.11	79.55	81.02
拱墅区	87.22	62.22	74.79	74.74
西湖区	96.30	68.89	80.68	81.96
滨江区	67.99	100.00	100.00	89.33
萧山区	69.56	100.00	68.13	79.23
余杭区	84.28	86.67	82.17	84.37
桐庐县	63.73	77.78	62.00	67.83
淳安县	68.84	60.00	60.00	62.95
建德市	60.00	68.89	60.26	63.05
富阳区	64.37	73.33	64.01	67.24
临安区	63.38	77.78	62.89	68.02
平均值	76.58	75.38	75.04	75.67
中位数	69.56	71.11	74.79	78.31

从服务业的发展基础指标来看，2019 年，杭州市各区县服务业增加值占

生产总值比重平均得分 76.58，得分中位数为 69.56，6 个区县该指标高于杭州市平均水平。各区县服务业增加值占生产总值比重水平差异较大，得分最高的 3 个地区依次是下城区（100）、西湖区（96.30）和江干区（92.42），得分最低的 3 个地区分别为临安区（63.38）、桐庐县（63.73）和建德市（60），7 个区县的得分低于 70，呈现出两极分化的状况。

结合基础数据来看，下城区服务业增加值占生产总值比重达到 95.9%，最低的建德市为 42.6%。西湖区包含风景名胜区，旅游业发达，对于公共服务的相关要求也更高，《西湖区加快全域旅游发展的扶持意见（试行）》等相关政策的发布也进一步促进了该区服务业水平的提高。桐庐县、淳安县、建德市等县（市）的服务业增加值均不到 200 亿元，地区生产总值不到 400 亿元，服务业正处于发展阶段，仍有较大的提升空间。

2019 年，杭州市各区县人均服务业增加值平均得分 75.04，得分中位数为 74.79，6 个区县的得分高于杭州市平均水平。得分最高的 3 个地区依次是滨江区（100）、上城区（90.83）和下城区（90.24），其中，位列第一的滨江区（30.48 万元/人）人均服务业经济活跃程度显著高于其他区县，较排名第二的上城区（24.18 万元/人）高 6.3 万元/人。得分最低的 3 个地区分别为桐庐县（62）、建德市（60.26）和淳安县（60），这些区县的居民服务业消费增长的活跃程度仍需提高。同样需注意到，该项指标中有 6 个区县的得分低于 70，也呈现出两极分化的现象。

2019 年，杭州市各区县社会消费品零售总额增速平均得分 75.38，得分中位数为 71.11，5 个区县的该指标高于杭州市平均水平。各区县社会消费品零售总额水平差异较大，得分最高的 3 个地区依次是滨江区（100）、萧山区（100）和余杭区（86.67），其中，余杭区近年来除了提高对国内消费市场的投资和管理监督外，在对外贸易和境外投资等方面也呈现高速增长的状态，体现出开放型经济活力。余杭区面对中美经贸摩擦，多次牵头召开全区产业平台、镇街外贸工作会议；在境外投资方面，充分发挥境外产业园区平台作用，并推动企业通过"走出去"提升竞争力。得分最低的是淳安县（60）、拱墅区（62.22）、上城区（66.67）和下城区（66.67）。

根据服务质量指数雷达图（见图 5 – 14），滨江区在服务质量得分中最高，其社会消费品零售总额增速和人均服务业增加值三项指标均为杭州市各区县最优水平，得分达 100。同时关注到，滨江区虽然服务业增加值占其生产总值的比重的得分（67.99）在所有区县中并没有优势，但是滨江区服务业的发展潜力较大，服务质量的持续提升能力较强。

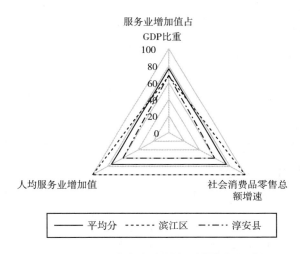

图 5 – 14　2019 年杭州市服务质量指数雷达图

5.5　环境质量指数分析

5.5.1　杭州市环境质量概况

杭州市始终践行"绿水青山就是金山银山"的"两山理论"，不断加大"八项清零"和"美丽杭州"生态文明建设工作力度，环境质量获得明显改善，主要环境质量数据见表 5 – 17。近年来，杭州市先后获得国家生态园林城市、美丽山水城市称号，并于 2019 年圆满举办世界环境日全球主场活动。

表 5 – 17　　　　　　　　　2015～2019 年杭州市环境相关数据

指　　　标	2015 年	2016 年	2017 年	2018 年	2019 年
水环境功能区达标率（%）	85.10	85.10	92.30	96.20	98.10
空气质量优良率（%）	66.30	71.00	74.20	73.70	78.60
区域噪声（分贝）	56.2	56.4	55.2	56.8	56.4
工业固体废物综合利用率（%）	94.23	99.37	98.46	99.42	93.40
PM2.5 年均浓度（微克/立方米）	57	48.8	45	40	38
饮用水水源地点位水质达标率（%）	100	100	100	100	100
道路交通噪声（分贝）	68.6	68.7	67.8	67.8	68.6
工业固废产生量（万吨）	673.13	450.28	435.97	580.24	677.23

2019 年杭州市环境空气优良天数为 287 天，比 2018 年增加 18 天，比 2015 年增加 45 天；空气质量优良率为 78.6%，比 2018 年提高 5.1%，比 2015 年提高 12.3%；杭州市区 PM2.5（细颗粒物）浓度年均值 38 微克/立方米，同比 2015 年（57 微克/立方米）空气质量持续显著改善。杭州市近年来制定并实施《杭州市大气环境质量限期达标规划》，印发《建设全市域大气"清洁排放区"的实施意见》《打赢"蓝天保卫战"暨大气污染防治实施计划》等文件，持续在治理燃煤烟气、工业废气、车船尾气、扬尘污染以及城乡排气方面采取有效措施，完善巡查、通报和考核机制，在"城市大脑"中设立"空气卫士"和"便民车检"应用场景，多种措施推动"五气共治"和"蓝天保卫战"卓有成效。

2019 年，杭州水环境功能区达标率达到 98.10%，比 2018 年上升 1.9 个百分点，比 2015 年上升了 13 个百分点；全市 94.2% 的地表水市控以上断面水质达到或优于Ⅲ类标准，比 2015 年 85.1% 的水平上升了 9.1 个百分点；2015～2019 年全市饮用水水源地点位水质达标率均保持在 100%，"五水共治"成效显著。杭州市始终落实"划、立、治"三大重点任务，全面完成县级饮用水水源地生态保护整改，开展"千吨万人"乡镇级饮用水水源地环境保护，实现全市县级以上饮用水水源地遥感督查；实施《杭州市治污水暨水污染防治行动实施计划》、剿灭 V 类水行动、截污计划等措施，推进"污水零直排"建设，实施农业面源污染防治行动，持续对工业污染进行整治，推动工业企业产业优化升级，支持污水处理厂的清洁化技术改造，提升污水处理厂的清洁效率以及清洁程度。

2019 年，杭州区域噪声为 56.4 分贝，相较 2018 年下降了 0.4 分贝。5 年内杭州的区域噪声变化不大，稳定在 55～56 分贝之间；道路交通噪声变化也不大，稳定在 67～68 分贝之间。总体来看，杭州市区和富阳区区域环境噪声质量等级为一般，其他区县为较好。针对社会公众比较关注的中高考期间噪声影响问题，每年发布《杭州市人民政府关于加强中高考等特殊时期环境噪声管理的通告》，开展中高考期间的"绿色护考"专项行动；另加强全市夜间施工的工作管理，提升公众对于噪声的满意度。

2019 年，杭州市全年工业固体废物产生量为 677.23 万吨，处置利用率达 98.71%，工业固体废物综合利用率为 93.4%，为近 5 年来最低水平。与 2015 年相比，工业危险废物产生量由 23.9 万吨增长到 64.47 万吨，伴随着工业化进程的发展，工业固体废物综合利用的压力依然较大。杭州市近年来持续改善规范管理秩序，提升固废规范化管理水平；强化日常监督，深入开展工业固废利用的专项整治行动，加快工业固废处理设施建设，落实危险废物"存量清零"工作任务。实施《杭州市土壤污染防治暨"清废行动"工作计划》，对重点行业企业的土壤污染情况进行调查以及信息收集，对各具体不同土壤情况制定不同的治理方案，推进污染地块治理修复。

5.5.2　杭州市各区县环境质量基础数据

考虑到环境问题的特殊性，将上城区、下城区、江干区、拱墅区、西湖区、滨江区、钱塘新区、萧山区和余杭区合并为杭州市区进行环境质量指数测算。由于各区县的工业固体废物利用率具体情况难以获得，故未将其选用于本章环境质量指数的计算中。2019 年，桐庐县在全市区域环境噪声最低，为 51.2 分贝，比杭州市区（56.4 分贝）低了 5.2 分贝；桐庐县也是公众满意度最高的区县，为 91.76%，比杭州市区（85.61%）高 6.09 个百分点；地表水环境功能区达标率除了杭州市区为 98.1%，其余区县均为 100%；环境空气质量优良率方面，建德市最高，为 95.9%，比杭州市区（78.6%）高 17.3个百分点（见表 5 – 18）。

表 5 – 18　　　　　2019 年杭州市各区县环境质量指数计算基础数据

地区	环境空气质量优良率（%）	地表水环境功能区达标率（%）	区域环境噪声（分贝）	公众对生态环境满意度（%）
杭州市区	78.60	98.10	56.4	85.61
富阳区	93.90	100	55.9	90.28
临安区	93.40	100	51.8	88.18
桐庐县	95.30	100	51.2	91.76
淳安县	92.30	100	54.0	91.69
建德市	95.90	100	53.1	88.18

　　总体来看，2015～2019 年，杭州市区在环境质量指标方面的表现不是特别理想，桐庐县和淳安县的表现较好，也较为稳定。从指标上来看，5 年中全市各区县的环境噪声在 50～56 分贝之间浮动；公众满意度方面，各区县均在不断提升；地表水环境功能区达标率除了杭州市区外，其余区县均保持在 100% 的高水平阶段；环境空气优良率，淳安县一直保持在 90% 以上，桐庐县和建德市也于 2016 年开始保持在 90% 以上，到 2019 年，除了杭州市区外，其余区县均达到 90% 以上，桐庐县和建德市达到 95%以上。

5.5.3　杭州市各区县环境质量指数比较分析

　　根据式（5 – 1）和式（5 – 2）计算 2019 年杭州市各区县环境质量指数，结果如表 5 – 19 所示。2019 年杭州市各区县环境质量指数平均得分87.85，得分中位数为 91.95，6 个区域中除杭州市区（60）和富阳区

（87.35）外，其余 4 个区县得分均高于杭州市平均水平，杭州市整体环境质量较好。

环境空气质量优良率是反映空气质量的重要指标。按照《环境空气质量标准》（GB 3095—2012）要求，自 2014 年起使用空气质量指数（AQI）对其判定。2019 年，杭州市各区县空气优良率平均得分为 90.67，除杭州市区外其他区县都达到了平均水平以上，中位数得分为 95.82，建德市得分最高。建德市持续深化"五气共治"，推进锅炉淘汰或清洁化改造，整治"低散乱"企业并出台国三柴油车淘汰补助及限行方案，努力打赢蓝天保卫战。

表 5 – 19　　　　　　　　2019 年杭州市各区县环境质量指数

地区	环境空气优良率	地表水环境功能区达标率	区域环境噪声	公众对生态环境满意度	环境质量指数
杭州市区	60.00	60.00	60.00	60.00	60.00
富阳区	96.18	100.00	62.89	90.35	87.35
临安区	95.45	100.00	95.26	76.69	91.85
桐庐县	98.91	100.00	100.00	100.00	99.73
淳安区	93.45	100.00	77.89	96.85	92.05
建德市	100.00	100.00	85.00	99.53	96.13
平均分	90.67	93.33	80.18	87.24	87.85
中位数	95.82	100	79.04	93.6	91.95

地表水环境功能区达标率是反映水环境质量状况的重要指标。2019 年，杭州市各区县地表水环境功能区达标率平均得分为 93.33，除杭州市区外其他区县得分均为 100。例如，建德市在 2019 年完成涉水行业 15 家企业整改，7 家企业清洁化技术改造 ，8 个"零直排乡镇"、18 个"零直排小区"和 1 个"污水零直排园区"创建；淳安县完成旅游度假区"污水零直排区"和千岛湖镇 30 个小区的"污水零直排"建设改造，全面打好碧水保卫战。

区域环境噪声是反映声环境质量的重要指标。2019 年，杭州市各区县环境噪声平均得分 80.18，得分中位数为 79.04，50% 的区县该指标高于杭州市平均水平。其中，得分最高为桐庐县（100），临安区（95.26）也处于一个较高的水平，最低为杭州市区（60）。

公众对生态环境满意度指标反映了公众对整体生态环境质量的感知评价，是环境高质量发展的基本出发点和最终落脚点。2019 年，杭州市各区县公众满意度平均得分为 87.24，中位数得分为 93.6，4 个区县超过平均得分。同样是桐庐县和杭州市区分别为最高分和最低分。

从单项指标得分看，水环境功能是各区县在环境质量方面做得最好的，而环境噪声方面是这四个指标中各区县差异最大的。

根据环境质量指数雷达图（见图 5-15），桐庐县几乎各项指标得分均在各区县中居于领先地位，所以成为环境质量得分最高的区县。而杭州市区则由于其城市化水平等原因，在环境质量改善方面压力较大。

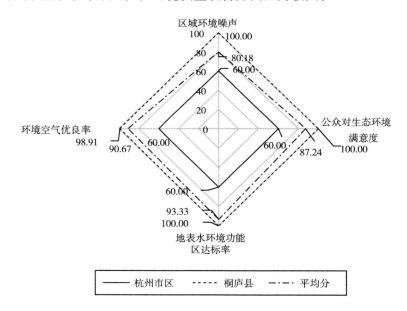

图 5-15　2019 年杭州市环境质量指数雷达图

5.6　工程质量指数分析

5.6.1　杭州市工程质量概况

近年来，杭州市不断提升城市建设水平。重点板块建设有钱江新城、未来科技城、青山湖科技城、紫金港科技城以及武林新城、运河新城、杭钢新城、良渚新城。富春湾新城、临安滨湖新城、桐庐富春未来城、建德高铁新区、淳安高铁新区逐步落成。交通基础设施建设方面：萧山机场三期扩建工程，杭黄高铁，铁路杭州南站，铁路杭州西站，地铁 5 号线、16 号线、6 号线、机场快线等全面推进；望秋立交、文一路地下通道、东湖快速路北延、秋石快速路北延等城市快速道路工程竣工通车，城市快速路加速成；杭金衢高速杭州段拓宽、杭宁高速改扩建等工程建成，绕城高速西复线、金建高速、千黄高速、临金高速国高网段、运河二通道加快推进，现代化交通体系基本形成。市政基础设施进一步完善。根据杭州市 2019 年政府工作报告可知，2018 年杭州市新建成地下综合管廊廊体 9.49 千米。环境基础设施加快建设，临江环境能源项目、污水处理厂、飞灰协同处置项目、第三固废处置中心、天子岭餐厨与厨余项目、分类减量综合体等项目有序实施。亚运村全面建设，主体育馆、游泳馆、轮滑馆、乒乓球馆、皮划艇（静水）、综合训练馆等主体结构封顶。

在经济高质量发展的新要求下，建设工程质量日益得到更多关注。其中建筑业是国民经济中的重要组成部分，也是关乎民生事业战略高地。2019 年，杭州市建筑业总产值 4578.2053 亿元，较 2018 年（4431.7525 亿元）增加 146.4528 亿元；竣工总产值 2058.6072 亿元，较 2018 年（2189.3653 亿元）减少 130.7581 亿元；房屋建筑施工面积 29470 万平方米，较 2018 年（26842 万平方米）增加 2628 万平方米；房屋建筑竣工面积 6417 万平方米，较 2018 年（6764 万平方米）减少 347 万平方米（见表 5 - 20）。

表 5 – 20   2015 ~ 2019 年杭州市建筑业发展概况

年份	企业个数 （个）	建筑业 总产值 （亿元）	竣工产值 （亿元）	房屋建筑 施工面积 （万平方米）	房屋建筑 竣工面积 （万平方米）	利润总额 （亿元）
2015	1480	4097.5734	2599.4238	28124	10137	89.5484
2016	1474	4105.2972	2374.6502	27221	9754	95.0047
2017	1410	4323.7256	2188.8828	25617	8108	107.5458
2018	1541	4431.7525	2189.3653	26842	6764	98.3741
2019	1606	4578.2053	2058.6072	29470	6417	97.7498

综合杭州市 2015 ~ 2019 年建筑业 5 年发展情况，总产值、利润增长率在
5% 左右，竣工面积和竣工产值已呈现下降趋势（见图 5 – 16）。

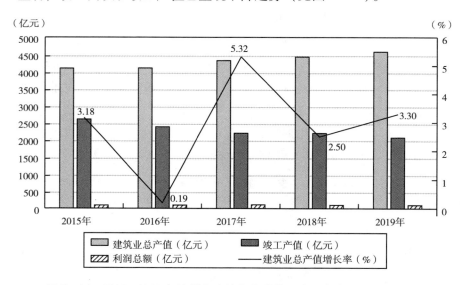

图 5 – 16　2015 ~ 2019 年杭州市建筑业总产值及竣工产值以及利润总额

城市道路桥梁建设方面，2019 年杭州市年末实有道路面积 9341 万平方
米，较 2018 年（8840 万平方米）增加 501 万平方米；年末实有道路长度
3990 千米，较 2018 年（3783 千米）增加 207 千米；年末实有桥梁数 1545
座，较 2018 年（1473 座）增加 72 座。综合 2015 ~ 2019 年 5 年数据，排水管

道长度在 2017 年增加明显，较 2016 年增加了 44.92%（见表 5 - 21）。

表 5 - 21 　　　　　　　　2015 ~ 2019 年杭州市市政发展概况

年份	年末实有道路面积（万平方米）	年末实有道路长度（千米）	年末实有桥梁数（座）	排水管道长度（千米）	城市污水排放量（万立方米）
2015	6540	2991	1337	5370	56974
2016	6932	3075	1353	5944	57916
2017	8291	3550	1443	8614	69834
2018	8840	3783	1473	8924	74438
2019	9341	3990	1545	9125	80447

在污水排放和处理方面，2019 年杭州市城市污水排放量 80447 万立方米，较 2018 年（74438 万立方米）增加 6009 万立方米；城市污水处理总量 77245 万立方米，较 2018 年（71364 万立方米）增加 5881 万立方米。2015 ~ 2019 年，杭州市污水处理总量占污水排放量的比例在 95% ~ 96% 之间，呈缓慢增长趋势，其中，2018 年的污水处理量占比较其他年份增长最快（见图 5 - 17）。

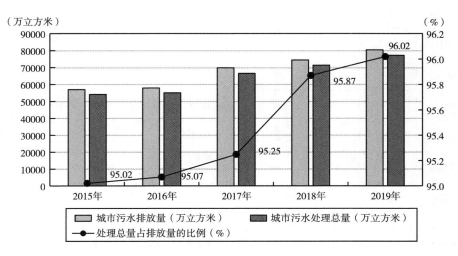

图 5 - 17　2015 ~ 2019 年杭州市城市污水排放及处理情况

5.6.2　杭州市各区县工程质量基础数据

2019 年工程质量指数基础数据主要来源于《2019 年杭州市质量安全监督机构监督管理工作检查情况通报》、2019 年杭州市各区县《国民经济与社会统计公报》。具体指标基础数据如表 5 - 22 和图 5 - 18 所示。

表 5 - 22　　　　　2019 年杭州市各区县工程质量指数计算基础数据

地区	工程质量创优奖数量（件）	消费者投诉（件）	政府行政处罚数量（件）	政府行政处罚金额（万元）	事故死亡数（人）	建筑业增加值（亿元）	在建项目数（个）	
							建筑	市政
上城区	68	74	24	3.77	0	19.5	29	4
下城区	64	101	19	46.83	0	27.71	80	16
江干区	100	1125	30	1118.49	0	85.5	143	35
拱墅区	76	1226	28	4.5	1	30.77	193	83
西湖区	78	223	10	334.52	0	——	188	23
滨江区	84	321	342	59.3	1	14.1	112	33
余杭区	78	2390	59	87.85	2	48.51	637	83
萧山区	84	1520	59	1174.5	0	71.16	553	25
桐庐县	60	50	32	157.1	0	27.74	178	12
淳安县	62	49	37	9.5	0	28.21	62	0
建德市	64	63	66	11.4	0	39.29	114	0
富阳区	66	354	124	927.8	0	40.6	299	67
临安区	62	379	25	85	0	42.15	379	10

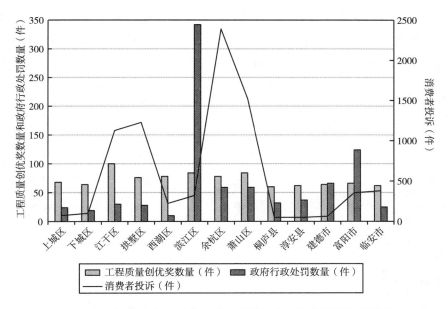

图 5 – 18 2019 年杭州市各区县工程质量指数计算基础数据情况

2019 年，萧山区建筑业增加值最高为 71.16 亿元，比最低值滨江区（14.1 亿元）高 57.06 亿元；江干区工程质量创优奖数量最高为 100 件，比最低值桐庐县（60 件）多 40 件，滨江区和萧山区数量位列第二均为 84 件；桐庐县消费者投诉数量最少为 50 件，比最高值余杭区（2390 件）少 2340 件，余杭区（2390 件）、萧山区（1520 件）、拱墅区（1226 件）和江干区（1125 件）虽然投诉量远高于其他区县，但从侧面反映出这些地区的消费者活跃程度更高，经济活力更强；西湖区政府行政处罚数量最少为 10 件，比最高值滨江区（342 件）少 332 件；上城区行政处罚金额最少为 3.77 万元，比最高值萧山区（1174.5 万元）少 1170.73 万元；余杭区、拱墅区和滨江区分别出现事故死亡 2 人、1 人和 1 人，其余区县事故死亡人数均为 0；余杭区在建项目总数最高为 720 个，比最低值上城区（33 个）多 687 个。

5.6.3 杭州市各区县工程质量指数比较分析

根据式（5－1）、式（5－2）计算 2019 年杭州市各区县工程质量指数，结果如表 5-23 所示。2019 年杭州市各区县工程质量指数平均得分 86.18，得分中位数为 86.79，61.54% 的区县得分高于杭州市平均水平，其中，得分最高为江干区（96.53），最低为余杭区（71.68）。

表 5-23 2019 年杭州市各区县工程质量指数

地区	工程质量创优	工程质量满意度	工程质量安全	工程质量指数
上城区	68	98.94	100	88.98
下城区	64	99.01	100	87.67
江干区	100	89.60	100	96.53
拱墅区	76	88.86	80	81.62
西湖区	78	98.51	100	92.17
滨江区	84	77.68	80	80.56
余杭区	78	77.05	60	71.68
萧山区	84	84.48	100	89.49
桐庐县	60	98.67	100	86.22
淳安县	62	98.37	100	86.79
建德市	64	96.51	100	86.84
富阳区	66	90.63	100	85.54
临安区	62	96.28	100	86.09
平均分	73.67	91.53	93.33	86.18
中位数	68	96.28	100	86.79

从总体得分来看，江干区（96.53）位列第一，西湖区（92.17）位列第二，萧山区（89.49）位列第三。西湖区通过发布《西湖区扶持培育建筑业发展打造建筑业强区若干意见》《西湖区关于进一步完善扶持建筑业提升发展的若干意见（试行)》等若干政策文件，为进一步做大做强该区建筑业提供支持。

工程质量创优指的是建筑工程项目获得相关组织的专业性评价情况，是独立于市场、政府的社会第三方主体对工程项目的先进性评估。2019 年，杭州市各区县工程质量创优平均得分 73.67，得分中位数为 68，6 个区县该指标高于杭州市平均水平。各区县工程质量创优得分最高的三个地区依次是江干区（100）、滨江区（84）和萧山区（84），得分最低的三个地区分别为桐庐县（60）、临安区（62）和淳安县（62）。

工程质量满意度指的是基于普通居民的使用视角，以及政府行政监管的合规性视角，通过统计工程质量投诉以及政府行政处罚的情况，对工程质量的不同层次的满意度进行评价。2019 年，杭州市各区县工程质量满意度平均得分为 91.53，中位数为 96.28，说明在该指标上，杭州各区县的得分差异不大，表现比较均衡。各区县工程质量满意度得分最高的三个地区依次是下城区（99.01）、上城区（98.94）和桐庐县（98.67），得分最低的三个地区依次为萧山区（84.48）、滨江区（77.68）和余杭区（77.05）。

工程质量安全是基于质量伤害的角度，对在建工程中因安全事故导致的人员伤亡情况进行评估，它是体现工程建设过程安全性的负向指标。2019 年，杭州市各区县工程质量安全平均得分为 93.33，中位分为 100。从这两项数据中可以得出，杭州市各区县的工程质量安全均水平较高，共有十个区县达到了 100。

从消费者投诉案件数量来看（见图 5-19），2019 年杭州市平均工程增加值投诉比为 14.72，即每 1 亿元建筑业增加值会带来 14.72 个投诉。全市最低为建德市，仅为 1.6，最高为余杭区，达到了 49.27，高出前者 30 倍。同时也需考虑到，投诉与所在地居民的维权意识相关，如拱墅区高达 39.84，但对比在项目总量与余杭区类似的萧山区，其投诉比仅为 21.36。总的来讲，余杭区基于居民角度的满意度形势较为严峻，解决和提高居民满意度的相关工作需要进一步加强。

从政府行政处罚案件数来看（见表 5-24），2019 年杭州市平均简易案件增加值处罚比为 2.35，即每增加 1 亿元建筑业增加值会产生 2.35 个简易处罚案件，全市最低为萧山区，仅为 0.1，最高为滨江区，达到了 21.91；一般处罚案件 23 例，结合建筑业增加值来看，2019 年杭州市平均一般案件增加值处罚比为 0.75，即每增加 1 亿元建筑业增加值会产生 0.75 个一般处罚案件，全

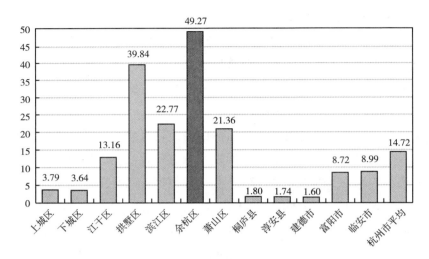

图 5 – 19　2019 年杭州市各区县建筑业增加值投诉比情况分布

市最低为拱墅区，仅为 0.1，最高为富阳区，达到了 2.61。

表 5 – 24　　　　　　　2019 年杭州市各区县建筑业增加值处罚比

地区	简易处罚比	一般处罚比
上城区	0.41	0.82
下城区	0.40	0.29
江干区	0.20	0.15
拱墅区	0.81	0.10
滨江区	21.91	2.34
余杭区	0.74	0.47
萧山区	0.10	0.73
桐庐县	0.76	0.40
淳安县	1.06	0.25
建德市	1.37	0.31
富阳区	0.44	2.61
临安区	0.00	0.59
杭州市平均	2.35	0.75

　　根据工程质量指数雷达图（见图 5－20），在工程质量安全和工程质量满意度方面杭州市的平均水平较高，分别为 93.33 和 91.53。江干区依靠工程质量安全以及工程质量创优两个指标的突出成绩，成为 2019 年杭州市工程质量得分最高的地区。然而江干区的工程质量满意度略低于杭州各区县的平均水平，对于消费者问题的处理仍有进步空间。

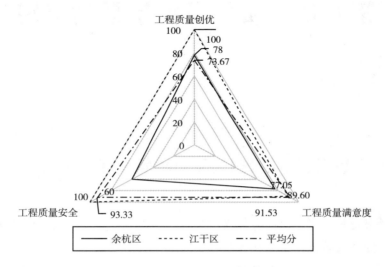

图 5－20　2019 年杭州市工程质量指数雷达图

第6章 质量发展指数的应用

6.1 我国区域质量报告发布现状及存在问题

质量报告是政府向全社会传播"质量之声"的一种基本途径,这种基于宏观视角的区域质量评价对于掌握地区质量水平,分析质量现状,提供制定政策依据极具现实意义。本书选取了我国 26 个省份、16 个代表城市作为研究对象,针对各区域质量报告发布主要内容,从报告的全面性、采用方法、方法的优缺点和合理性展开分析,以梳理现状并揭示问题。

6.1.1 质量报告发布制度

在实践中,质量状况分析报告一般由各地区政府相关部门负责编写,是一种通过综合分析,系统反映一个区域在一定时间区间(如年度、季度等)内质量水平及质量提升相关工作情况的正式文件。质量状况分析报告多数情况下主要在政府相关部门内部进行交流,并不对外公开发布。

早在 2003 年,国家质检总局便开始关注质量分析工作,并于 2009 年在全国质监系统做出了部署,要求从总局到县局,都要开展产品质量状况分析,研究质量安全形势、问题和对策,形成分析报告。2011 年 5 月国家质检总局下发《产品质量状况分析工作制度（试行）》，指导并督促全国各地各级质监系统，形成定期报送产品质量状况分析报告的制度。2013 年 5 月 30 日，国务院办公厅发布《质量工作考核办法》，把质量工作绩效纳入地方政府工作考核范畴，全国各地质量强省、质量强市等工作继而蓬勃开展。为了响应总局的质量号召，各地区均做出了积极回应，如出台地方工作制度、定期发布质量报告、开展质量分析工作培训、开展质量分析专题工作会议等，其中定期形成质量报告成为重点工作内容。

从内容看，质量分析报告以产品质量状况分析为重。《产品质量状况分析工作制度（试行）》明确了指导操作的产品质量状况分析报告格式及内容，要求体现"质量安全状况""主要问题及原因分析""采取的工作措施及成效""质量安全隐患及预警分析""下一步措施和建议"等内容。报告经批准后，定期向国务院、国家相关部门、省级地方人民政府、相关行业进行通报，或者向社会公布；地方质量状况分析应向所属区域政府、社会和企业进行通报，同时逐级上报主管部门。面向社会公布的质量报告不同于传统的系统内部作为工作交流的质量报告，在覆盖范围和具体内容上与之有较大的区别，报告的受众群体更广泛。

《质量发展纲要（2011—2020 年）》发布实施后推动了宏观质量分析由产品质量分析向多领域发展。地区产品质量报告的定期公布也逐步成为一种新的趋势，这种公开报告通常以"产品质量状况分析报告""质量白皮书""宏观质量分析报告"等多种形式呈现。

6.1.2　我国各地质量报告发布基本情况

本书以 2005～2020 年为主要调查区间（少数地区追溯至初始发布年份），从 26 个省份以及 15 个市级单位进行信息采集。以市场监管总局、地方政府、地方质监局/市场监管局等相关部门网上公开信息、互联网新闻报道、相关期刊等渠道为信息源，共获得省、自治区、直辖市以及地级市共计 200 余项质量报告信息。

1. 质量报告发布概况

我国 26 个省（自治区、直辖市）发布过省级质量报告，占据全国省份的 76.47%。报告周期有季度报告（如《2014 年一季度山东省产品质量状况分析报告》）、半年度报告（如青海省《关于 2014 年上半年产品质量状况分析的报告》），绝大多数为年度报告（如《天津市产品质量状况白皮书》）。我国 26 个省份质量报告发布情况如表 6 - 1 所示。

表 6 - 1 我国 26 省质量报告发布情况

省份	报告名称	发布年度
北京	产品质量安全风险监控工作报告	2015、2017
上海	质量状况分析报告 质量状况白皮书	2008 ~ 2019
天津	产品质量状况白皮书 产品质量发展报告	2009 ~ 2016
重庆	质量状况分析报告	2010
山东	产品质量状况分析报告（季度）	2013、2014
河北	河北省质量状况	2007 ~ 2019
河南	产品质量状况分析报告 产品质量监督抽查报告	2008 ~ 2014、2019
山西	宏观质量分析报告	2016、2018
陕西	陕西省质量状况分析报告	2010、2013
湖北	湖北质量状况	2008 ~ 2012、2016、2018、2019
湖南	产品质量白皮书 产品质量安全监督抽查分析报告	2012、2015 ~ 2019
浙江	产品质量状况分析报告	2014
安徽	质量状况白皮书 食品安全状况白皮书	2005 ~ 2013、2015 ~ 2019

省份	报告名称	发布年度
江西	质量状况分析报告	2013、2015、2018
福建	产品质量状况分析报告	2012、2014、2016、2017
海南	产品质量状况分析报告	2011、2013
青海	质量状况分析报告	2013～2015、2017～2019
黑龙江	质量状况分析报告（季度）	2009、2010
辽宁	产品质量状况分析报告	2013
吉林	质量状况分析报告	2015、2016
江苏	质量报告	2017
云南	旅游服务业质量状况分析报告	2016
内蒙古	产品质量状况分析报告	2012、2016、2017
宁夏	产品质量状况分析报告	2013
新疆	质量状况白皮书	2014、2015、2016、2019
西藏	产品质量状况分析报告	2010

2. 质量报告发布的公开程度

本书在公开发布质量报告的城市中选择了 15 个代表城市为样本，分析了质量报告的发布形式。这些城市中包括上海、武汉、广州、深圳、南京、天津、福州、厦门等主要城市，以及获得全国"质量强市示范城市"荣誉称号的城市。本书将报告的发布形式划分为三种类型：

（1）全文发布：在官方网站可以下载报告全文，或者是在网页上以全文的形式发布质量报告。

（2）主要内容发布：在官方或者媒体网站上，发布报告的工作内容以及主要数据情况，但未公开报告全文。

（3）消息发布：在官方或者媒体网站上仅以简讯的形式表示质量报告已经编制完毕，但未发布分析结果等信息。

15个典型城市的报告发布情况如表6-2所示。

表6-2　　　我国主要城市以及质量强市示范城市质量报告发布情况

发布城市	报告名称	发布次数	发布年度	公开程度
上海	上海市质量状况分析报告	8	2008、2009	主要内容发布
			2010～2015	全文发布
	上海市质量状况白皮书	3	2017～2019	全文发布
武汉	武汉市质量状况白皮书	8	2004、2005、2007、2008、2009、2011、2012、2014	主要内容发布
广州	广州市质量状况分析报告	6	2012～2017	全文发布
深圳	深圳市产品质量状况白皮书	8	2003～2010	全文发布
	深圳市制造业产品质量状况白皮书	3	2011～2013	全文发布
南京	南京市产品质量年度报告	2	2006、2007	主要内容发布
	南京质量报告	3	2010～2012	全文发布
	南京市产品质量报告	2	2016、2017	全文发布
天津	天津市产品质量状况白皮书	7	2009、2010、2011、2012、2013、2016	全文发布
			2015	主要内容发布
福州	产品质量分析报告	4	2013、2015	消息发布
			2014、2016	全文发布
厦门	产品质量安全白皮书	2	2014、2017	全文发布
鹤壁	2011年鹤壁市产品质量状况分析报告	1	2011	消息发布
泸州	全市综合质量状况分析报告	1	2013	消息发布
温州	温州市产品质量白皮书	3	2013、2015、2016	全文发布

发布城市	报告名称	发布次数	发布年度	公开程度
台州	2013 年黄岩区质量强区工作计划	1	2013	主要内容发布
宁波	2012 年宁波市质量状况分析报告	1	2012	主要内容发布
南通	南通质量报告	6	2010、2011、2012、2013、2015	主要内容发布
			2017	全文发布
太原	太原市质量状况分析报告	2	2016、2018	主要内容发布

全国主要城市中深圳和上海发布数量最多，深圳从 2003 年度开始第一次发布质量报告，至今已连续发布 11 次质量报告，形成了较为固定的发布制度；上海各区县在 2010 年先后有 13 个区发布了质量报告，且奉贤区与金山区持续发布质量报告；武汉市早在 2004 就首次发布了质量报告，就可查询到的信息来看，报告发布有间断，先后共发布了 8 次；南京于 2006 年首次发布质量报告，共发布 7 次，在 2012 年申请全国"质量强市示范城市"后便暂停发布该报告，重新制定了质量发展战略《南京市质量发展规划（2013—2020）》。其余城市在 2010 年后受到国家《质量发展纲要（2011—2020 年)》的影响，均开始逐步形成自己的发布制度，如福州、厦门等地。

从发布报告的公开程度来看，深圳、广州、天津等发展基础比较好、质量工作比较有创新的城市大多以全文发布的形式；部分地区早期报告为主要内容发布，根据质量政策逐步调整，后期在发布机制较为成熟的时候采用全文发布的形式，如南京、上海等；少数地区由于发布机制初建，对外仅采用消息发布的形式，如泸州、鹤壁等。所统计的 71 份报告中，以全文形式发布的数量最多，有 45 份，占 63%；发布主要内容的报告有 21 份，占 30%；仅发布消息的报告有 5 份，仅 7%（见图 6-1）。全文发布比率还有待提升。

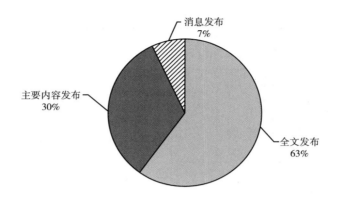

图 6 - 1　三类质量报告发布方式占比

3. 质量报告的内容

就质量报告的内容覆盖面来看，可以分为综合类报告和产品质量报告两大类。综合类报告所涉及的内容是基于《质量发展纲要（2011—2020 年）》中对于质量内涵的解读，将传统的产品质量扩展为包含产品质量、服务质量、工程质量和环境质量在内的"大质量"，这样的评价尽管在数据上比较零散，系统性不强，但内容相对丰富。有些报告进一步对质量发展能力、质量安全保障、质量发展趋势、质量管理工作等进行了整理和呈现。具体情况如表 6 - 3 所示。

表 6 - 3　　　　　　　　综合性质量报告覆盖内容分析

大类	小类
产品质量	轻重工业产品、农产品、食品、市场商品、药品及医疗器械、进出口商品
服务质量	生产性服务业、生活性服务业、社会管理与公共服务业
工程质量	房屋建筑和市政工程、交通工程、水利工程、建筑材料监督抽检
环境质量	水环境、空气、降水、声环境、生态环境、主要污染物排放
质量发展能力	技术标准战略、认证认可、质量诚信体系、品牌战略
质量安全保障	计量技术、检验检测机构、特种设备监管
质量管理工作	政府质量奖、质量强市、举报投诉、监督抽查

产品质量报告主要以制造业为分析对象。报告内容主要涉及制造业产品质量抽查现状、主要行业及重点行业质量现状，部分报告内容根据所属区域的行业特色有所不同。

4. 质量报告的分析方法

从质量报告内容采用的分析方法看，量化分析方法主要采用质量竞争力指数计算、监督抽查合格率分析、违法案例分析等方法。但从整体看，多数报告以定性分析为主，主要侧重于相关职能部门在产品、服务、环境、工程领域质量安全、质量保障等方面所做的工作，内容比较宽泛、挖掘信息不够透彻。少数报告进行了同级别对比、本区域往年同期报告对比等横向纵向综合分析。

6.1.3　质量报告发布存在的问题

从公开可获取的资料看，从区域层面各地发布质量分析报告并不普遍，持续性也不理想。多数地区在"十二五"期间应《质量发展纲要（2011—2020 年）》《产品质量状况分析工作制度（试行）》《质量工作考核办法》等制度的要求，在质量状况分析报告的发布方面做了一些探索和尝试，但 2015年以后，多数区域回到了以定期发布产品质量监督抽查合格率的情况。具体而言主要问题包括：

（1）各地对各领域质量状况的信息发布较为分散，尚未全面覆盖实体质量相关领域。目前产品质量信息以各地市场监管部门不定期发布的产品监督抽查情况通报为主，环境质量以各地生态环境部门按年度发布的环境公报为主；工程质量、服务质量的信息比较缺乏。

（2）已有质量状况分析报告的内容较为空泛，系统性理论支撑和数据支撑均不足。各地的质量分析报告内容从篇幅上来看，多数以质量工作的呈现为主，在理论指导下对区域质量发展进行系统评价分析的报告不多；而从数据上看，量化分析主要还是集中在监督抽查合格率上，其他数据信息较为零散，不系统也不持续。

（3）已有质量状况分析报告的分析方法较为简单，对实践和决策的指导价值挖掘不充分。多数报告的数据分析以简单的统计分析，如占比、增长率为主，少数进行了区域间的对比分析、时间序列的趋势分析，运用其他方法进行数据分析，多角度呈现质量发展现状并为各领域质量改进提供决策支撑的能力尚不充分。

6.2　质量发展评价体系应用及区域质量发展报告编制建议

本书在梳理国内外已有研究成果、分析我国各地质量报告发布现状及存在问题、深入基层调研的基础上，构建了由产品质量指数、质量创新能力指数、服务质量指数、环境质量指数和工程质量指数构成的质量发展评价体系（见表 5 - 1），并给出了数据获取渠道。在第 5 章以杭州市为例给出了具体应用示范。

结合实践经验，在对区域进行质量发展评价时，本书提出以下四点建议。

6.2.1　关于基础数据建设及维护建议

本书所建立的质量发展评价体系，从指标计算所需的基础数据可获取性上分为三类。第一类是可通过统计年鉴、市场监管部门、环保部门等公开发布的信息获取的数据，如产品质量监督抽查合格率、品牌商标、制（修）订标准、R&D 经费投入强度、新产品产值率、各类专利授权量、服务业增加值、社会零售总额、环境质量相关数据等。第二类是有关部门在工作过程中形成的数据，这部分数据不对外公开，如质量违法记录、消费者投诉率、标准化活跃度、工程质量处罚、工程质量投诉率等；这类数据比较分散，不够系统，持续性也不强，建议各地明确数据统计口径，保持数据采集的严谨性以及数据统计的持续性、一致性。第三类是目前尚未有采集渠道的数据，如顾客满意度、标准化投入等；这类指标对于确保测量维度的完整性、全面性具有重要意义，建议有关部门专题研究不同领域顾客满意度测量体系、调查途径和分析方法，形成可落地的测量机制。

6.2.2　关于权重确定的建议

本书所提出的质量发展评价体系由 5 个独立的质量指数构成，各层次指标的权重可以通过专家打分、AHP 层次分析法、熵值法、神经网络等方法确定。考虑到操作的方便性、可行性及适用性，推荐运用 AHP 层次分析法按以下步骤完成权重确定及指数计算。

（1）综合考虑评价体系完整性、科学性及数据可获取性，根据表 5 - 1 给出的指南选择、优化、确定各指数指标体系，分别构建递阶层次结构模型。

（2）构造出各层次判断矩阵。在测评指标确定后，设计易于理解的指标两两比较调查表，选择专家并实施调查。专家范围应覆盖包括学术专家、本区域相关职能部门工作人员以及上级主管部门工作人员。建议有效问卷在 15 份左右。

（3）判断矩阵一致性检验及权重计算。分别对 5 个指数进行判断矩阵一致性检验及各层次权重计算。

（4）各指数计算。结合实际明确每一个具体指标的计算规则，逐层计算指标得分，获得各指数结果。

6.2.3　关于分析方法的建议

在获得 5 项指数的结果后，建议从以下方面展开分析，以进一步发现问题和确定改进方向及对策。

（1）趋势分析。建议区域持续进行各质量指数发布，对基础数据、各指标及指数进行 3～5 年的趋势分析，以进一步分析质量发展不同方面的具体变化情况。

（2）结构分析。建议从各指数的二级指标出发，进行各维度得分的结构分析。例如，在对质量创新能力分析时，可分别对当年的 R&D 经费投入强度、新产品产值率、专利贡献度、标准化活跃度、质量管理成熟度等 5 个二级指标的得分情况进行分析，并结合各指标的原始数据分析发现变化趋势及原因。

（3）雷达图分析法。建议通过雷达图对各质量指数进行直观的综合分析与评价，以更形象地呈现各指标与目标值、基准值之间的关系。如产品质量指数雷达图，可以呈现出本区域当年在产品监督抽查合格率、质量违法记录、先进标准实施程度、品牌贡献度、消费者投诉率以及顾客满意度等 6 个指标分别与其基准值、目标值之间的差异，直观呈现出各方面的水平。具体可参考本书第 5 章（见图 5 - 5）。

（4）对比分析。一方面建议对区域内不同城市、区县在 5 项指数及具体指标方面进行对比分析，以挖掘不同区域特色工作所取得的成效，为经验推广提供数据支撑。另一方面建议对个别指标进行不同行业的对比分析，如对质量监督抽查合格率，可根据当地产业特色和民生关注重点进行行业间的对比分析，并结合趋势分析以发现短板。

6.2.4　关于发布渠道的建议

质量报告的发布，既是质量分析工作的成果展示，也是向社会公众传播质量声音、提升全面质量意识的契机，公开全文发布能更好实现这一功能。同时可通过微信公众号、短视频等方式对报告概要及主要信息进行多种方式展示，便于质量信号的传播，以推动各界对质量问题的关注。

参 考 文 献

［1］A. V. 菲根堡姆. 全面质量管理［M］. 北京：机械工业出版社，1991.

［2］曹礼和. 顾客满意度理论模型与测评体系研究［J］. 湖北经济学院学报，2007（1）：115 – 119.

［3］陈军，成金华，白永亮. 能源消费背景下中国的环境质量与公众健康［J］. 管理学报，2008（4）：549 – 554.

［4］程虹，陈川. 制造业质量竞争力理论分析与模型构建［J］. 管理学报，2015，12（11）：1695 – 1702.

［5］程虹，陈川. 质量创新与全要素生产率——来自湖北省的经验证据［J］. 理论月刊，2017（1）：135 – 140.

［6］程虹，许伟. 质量创新："十三五"发展质量提高的重要基础［J］. 宏观质量研究，2015，3（4）：9 – 21.

［7］程虹. 以人为本：《质量发展纲要（2011—2020 年）》的核心［J］. 中国质量万里行，2012（3）：44 – 45.

［8］邓泽霖，胡树华，张文静. 我国现代服务业评价指标体系及实证分析［J］. 技术经济，2012，31（10）：60 – 63，105.

［9］董直庆，蔡啸，王林辉. 技术进步方向、城市用地规模和环境质量［J］. 经济研究，2014，49（10）：111 – 124.

［10］段远刚. 企业战略质量成本管理问题研究［D］. 北京：首都经济贸易大学，2018.

［11］樊星. 环境质量与经济转型关系研究［D］. 天津：天津财经大学，2018.

［12］范成文，刘晴，金育强，黄晶．基于魅力质量理论及 Kano 模型的老年人体育服务需求层次研究［J］．成都体育学院学报，2019，45（2）：55 –61．

［13］范秀成，杜建刚．服务质量五维度对服务满意及服务忠诚的影响——基于转型期间中国服务业的一项实证研究［J］．管理世界，2006（6）：111 –118，173．

［14］冯华，孙蔚然．服务业发展评价指标体系与中国各省区发展水平研究［J］．东岳论丛，2010，31（12）：5 –9．

［15］冯益安．构建地区工业产品质量指数的研究［D］．广州：华南理工大学，2012．

［16］高广波．产品质量信息的政府供给：模型与政策［D］．上海：华东师范大学，2017．

［17］韩福荣．《卓越绩效评价准则》标准的理论视角［J］．标准科学，2012（5）：12 –16．

［18］何武全，刘群昌，娄宗科，蔡明科．管道输水灌溉工程质量模糊综合评价方法研究［J］．人民黄河，2017，39（1）：145 –148．

［19］贺兴东．产业视角下的运输服务业内涵分析［J］．综合运输，2013（1）：59．

［20］洪雪飞．空间效应视角下经济增长、能源消费与环境质量关系研究［D］．哈尔滨：哈尔滨工业大学，2019．

［21］黄利斌，罗建国，何小龙，孟燕，郑兴祥．工业产品质量监测指标体系研究［J］．北京理工大学学报（社会科学版），2012，14（3）：69 –74．

［22］蒋家东．建设质量强国的目标与路径——《质量发展纲要（2011—2020 年）》解读［J］．中国质量万里行，2012（5）：40 –42．

［23］久米均．质量经营入门［M］．北京：中国经济出版社，2009．

［24］克劳士比．质量免费［M］．太原：山西教育出版社，2011．

［25］李春田．21 世纪是质量创新的时代［J］．中国质量与品牌，2005（2）：94 –96．

［26］李海平．大力开展质量提升行动　加快推进质量强省建设——纪念《中共中央国务院关于开展质量提升行动的指导意见》印发一周年［J］．福建

质量技术监督，2018（9）：6-7.

[27] 李楷明，熊鹰. 产品（服务）质量指数探析 [J]. 质量探索，2020，17（1）：64-69.

[28] 李树，陈屹立，陈刚. 环保产业发展与区域环境质量改善——来自省级面板数据的证据 [J]. 中南财经政法大学学报，2011（5）：3-7，142.

[29] 李志德. 中国产品质量发展的长效机制研究 [D]. 武汉：武汉大学，2012.

[30] 梁园. S公司民用飞机项目质量管理体系研究 [D]. 上海：东华大学，2016.

[31] 林苑. 中国产品质量标志监督管理的问题及对策探讨 [D]. 苏州：苏州大学，2009.

[32] 刘东，佘元冠，石贵龙. 质量创新：质量管理的新阶段 [J]. 世界标准化与质量管理，2005（3）：7-8.

[33] 刘宏. 质量管理中的新老七种统计工具 [J]. 电子质量，2006（2）：37-41.

[34] 刘荣茂，张莉侠，孟令杰. 经济增长与环境质量：来自中国省际面板数据的证据 [J]. 经济地理，2006（3）：374-377.

[35] 刘伟丽，林玮菡. 质量创新与创新质量空间差异及耦合协调研究——基于中国高技术产业的经验分析 [J]. 财经问题研究，2018（6）：3-10.

[36] 刘艳军，刘静，何翠，冯媛. 中国区域开发强度与资源环境水平的耦合关系演化 [J]. 地理研究，2013，32（3）：507-517.

[37] 罗文强. 商业银行感知服务质量对关系质量的影响研究 [D]. 成都：西南财经大学，2012.

[38] 马林，何桢. 六西格玛管理 [M]. 2版. 北京：中国人民大学出版社，2014.

[39] 马小平. 宏观质量指数研究 [J]. 数理统计与管理，2009，28（5）：921-925.

[40] R. W. 霍耶，布鲁克·B. Y. 霍耶，颜福祥. 何谓质量——世界八位著名质量专家给质量定义 [J]. 中国质量技术监督，2002（1）：52-54.

［41］邵逸超．质量发展指数评价指标体系研究［J］．管理观察，2018（35）：93－94．

［42］佘娜．工程质量风险评价及评价模型的研究［D］．重庆：重庆交通大学，2008．

［43］宋明顺，周立军．标准化基础［M］．2版．北京：中国标准出版社，2018．

［44］孙前进．工程质量管理及应用研究［D］．淮南：安徽理工大学，2015．

［45］W.爱德华兹·戴明．质量管理［M］．北京：机械工业出版社，2008．

［46］王洪海，范海荣，姜铭阁．城市人居环境质量评价指标体系与评价方法研究［J］．资源开发与市场，2009，25（4）：311－313．

［47］王克．牢记绿色发展使命推动经济高质量发展［EB/OL］．［2019－9－20］．http：//www.rmlt.com.cn/2019/0920/557345.shtml．

［48］王立志，李钊．产品质量概念模型及其评价指标体系研究［J］．未来与发展，2010，31（5）：89－92．

［49］王淑雨，方华，王迎春．铁路建设工程质量形势评估研究［J］．铁道工程学报，2016，33（5）：129－133．

［50］王小平，张玉霞．我国服务业景气指数的编制与测算分析［J］．财贸经济，2012（4）：114－120．

［51］王小羽．业务自动开通系统质量管理研究［D］．北京：北京邮电大学，2010．

［52］王主鑫，朱颖，张晓宇，潘尔顺．基于空间相关性的制造业质量竞争力指数分析与预测［J］．工业工程与管理，2019，24（1）：174－181，188．

［53］魏玉文．格尔木炼油厂的质量管理策略［D］．西安：西北大学，2004．

［54］吴士权．质量创新综述及探析（上）［J］．上海质量，2017（6）：24－30．

［55］肖磊，鲍张蓬，田毕飞．我国服务业发展指数测度与空间收敛性分析［J］．数量经济技术经济研究，2018，35（11）：111－127．

［56］许伟．质量创新与经营绩效［D］．武汉：武汉大学，2017．

［57］杨建曾. 零缺陷管理在银行业的应用研究［D］. 北京：中国石油大学，2007.

［58］杨世忠，胡洋洋，赵腾. 质量控制 VS 质量创新：论质量成本管理的新模式［J］. 经济与管理研究，2019，40（2）：123 – 134.

［59］叶亚平，刘鲁君. 中国省域生态环境质量评价指标体系研究［J］. 环境科学研究，2000（3）：33 – 36.

［60］袁峰，陈俊婷. "一带一路" 中国区域现代服务业发展水平评价——基于面板数据及突变级数法的分析［J］. 华东经济管理，2016，30（1）：93 – 99.

［61］袁晓玲，邸勍，李朝鹏. 中国环境质量的时空格局及影响因素研究——基于污染和吸收两个视角［J］. 长江流域资源与环境，2019，28（9）：2165 – 2176.

［62］袁晓玲，李政大，刘伯龙. 中国区域环境质量动态综合评价——基于污染排放视角［J］. 长江流域资源与环境，2013，22（1）：118 – 128.

［63］约瑟夫·朱兰. 质量控制手册［M］. 上海：上海科学技术出版社，1987.

［64］约瑟夫·朱兰. 朱兰质量手册［M］. 北京：中国人民大学出版社，2014.

［65］曾倩，曾先峰，岳婧霞. 产业结构、环境规制与环境质量——基于中国省际视角的理论与实证分析［J］. 管理评论，2020，32（5）：65 – 75.

［66］詹艳艳，周娟，于灵鹤. 基于 QFD 的制造业产品质量指数评价模型的研究［J］. 电子质量，2015（2）：55 – 61.

［67］张波，陈武耕，郑红军. 关于产品质量的内涵、特性及指标体系研究［J］. 学术研究，2001（10）：44 – 48.

［68］张巧玲. 建设工程质量评价体系与机制研究［D］. 北京：清华大学，2004.

［69］张文忠. 城市内部居住环境评价的指标体系和方法［J］. 地理科学，2007（1）：17 – 23.

［70］张星. 制造业产品质量指数的构建与实证分析［D］. 乌鲁木齐：新

疆大学，2012．

[71] 张赟．中国工业化发展水平与环境质量的关系 [J]．财经科学，2006（2）：47－54．

[72] 张振生，叶少帅，王保光．大型机场建设项目工程质量评价体系研究——基于决策层总控管理视角 [J]．建筑经济，2019，40（4）：50－56．

[73] 郑石明．环境政策何以影响环境质量？——基于省级面板数据的证据 [J]．中国软科学，2019（2）：49－61，92．

[74] 质量管理和质量保证的术语（ISO 8402：1994）[S]．国际标准化组织，1994．

[75] 质量管理体系—基础和术语（ISO 9000：2000）[S]．国际标准化组织，2000．

[76] 质量管理体系—基础和术语（ISO 9000：2005）[S]．国际标准化组织，2005．

[77] 质量管理体系—基础和术语（ISO 9000：2015）[S]．国际标准化组织，2015．

[78] 质量管理体系要求（ISO 9001：2008）[S]．国际标准化组织，2008．

[79] 质量管理体系要求（ISO 9001：2015）[S]．国际标准化组织，2015．

[80] 周公．周礼·仪礼 [M]．曹海英译注．哈尔滨：北方文艺出版社，2014．

[81] 周楠．中国制造业与服务业协调发展研究 [D]．武汉：中南财经政法大学，2019．

[82] 朱宏亮，张伟．建设工程质量评价体系研究 [J]．重庆建筑大学学报，2007（2）：128－131．

[83] 朱相宇，乔小勇．北京环境质量综合评价及政策选择研究 [J]．城市发展研究，2013，20（12）：62－68．

[84] 邹华容．新 GMP 实施后 CM 公司药品质量管理研究 [D]．成都：四川师范大学，2012．

[85] Bankson C，Kalafatis S P．Issues and Challenges in the Positioning of Service Brands：A Review [J]．Journal of Product & Brand Management，1999，8

(2): 106 – 118.

[86] Beaumont P B, Hunter L C, Phayre R M. Human Resources and Total Quality Management: Some Case Study Evidence [J]. Training for Quality, 1994, 2 (1): 7 – 14.

[87] Bergendahl S, Wachtmeister A. Creating an index [J]. Managing Service Quality: An International Journal, 1993, 3 (4): 19 – 22.

[88] Brecka B J, Hooe M L, Wahl D H. Comparison of Growth, Survival, and Body Composition of Muskellunge and Tiger Muskellunge Fed Four Commercial Diets [J]. The Progressive Fish-Culturist, 1995, 57 (1): 37 – 42.

[89] Dabholkar P A, Pornpitakpan C, Yuan Yizhou. The Effect of Salespersons' Retail Service Quality and Consumers' Mood on Impulse Buying [J]. Australasian Marketing Journal, 2017, 25 (1): 2 – 11.

[90] Hempel D, Myers J, Wind J. Editorial Philosophy [J]. Journal of Marketing, 1977, 41 (4): 9 – 10.

[91] Frances Marcus Lewis. Family level services for the cancer patient: Critical distinctions, fallacies, and assessment [J]. Cancer Nursing, 1983, 6 (3): 193 – 200.

[92] Fromm Robert E, Taylor Diane Hopkins, Cronin Laura, McCallum William B G, Levine Robert L. The incidence of pacemaker dysfunction during helicopter air medical transport [J]. W B Saunders, 1992, 10 (4): 333 – 335.

[93] Grönroos C. A service quality model and its marketing implications [J]. European Journal of marketing, 1984, 18 (4): 36 – 43.

[94] Grönroos C. Designing a long range marketing strategy for services [J]. Long range planning, 1980, 13 (2): 36 – 42.

[95] Gronroos C. An applied service marketing theory [J]. European Journal of Marketing, 1982, 16 (7): 30 – 41.

[96] Haeckel E. Generelle Morphologie der Organismen [M]. Berlin G Reimer, 1886.

[97] Hill T P. On Gods and Services [J]. The Review of Income and Wealth,

1977, 23 (4): 315 – 338.

[98] Holmes F F, Olson S, Lash C, Henry J M. Cancer data service: stomach carcinoma distantly metastatic at diagnosis, 1945 – 1974 [J]. The Journal of the Kansas Medical Society, 1976, 77 (10): 446 – 447.

[99] IBM Research Service Science, Manegement and Engineering-Services Definition [ER/OL]. http: //www. research ibm. com/ssme/services. shtml.

[100] Jean Harvey. Service quality: A tutorial [J]. Journal of Operations Management, 1998, 16 (5): 583 – 597.

[101] John Haywood Farmer. A Conceptual Model of Service Quality [J]. International Journal of Operations & Production Management, 1988, 8 (6): 19 – 29.

[102] Kee-Kuo Chen, Ding-Hsun Hsiao, Cheng-Hung Arthur Hsieh. Service Quality Radar Map and Two-Stage Service Quality Score [J]. Journal of Marine Science and Technology, 2008, 16 (2): 123 – 133.

[103] Kelvin Lancaster. The Measurement of Changes in Quality [J]. Review of Income & Wealth, 1979, 23 (2): 157 – 172.

[104] Knutson B, Stevens P, Patton M, Thompson C. Consumer expectations for service quality in economy, mid-price and luxury hotels [J]. Journal of Hospitality and Leisure Marketing, 1992, 1 (2): 27 – 44.

[105] Lehtinen M O, Hakkarainen K, Leinikki P O, Lehtinen T K, Mattila L M, Helle E P. Vaccination of seronegative high-risk populations with attenuated rubella vaccine [J]. Annals of clinical research, 1982, 14 (5 – 6): 213 – 219.

[106] Lehtinen U, Lehtinen J R. Service Quality: A Study of Quality Dimensions [R]. Working Paper, Helsinki, Findland: Service Management Institute, 1982.

[107] Levit R C, Booms B H. The marketing aspects of service quality in emerging perspectives on service marketing [M]. In: Berry L, sho stack G U pah G ed. Chicago: American Marketing, 1983: 99 – 107.

[108] Lewis B R, Mitchell V W. Defining and Measuring the Quality of Cus-

tomer Service ［J］. Marketing Intelligence & Planning, 1990, 8 （6）: 11 – 17.

［109］Linda M Delen, Andrew A Brogowicz. Student Healthcare Needs, Attitudes, and Behavior: Marketing Implications for College Health Centers ［J］. Journal of American College Health, 2010, 38 （4）: 157 – 164.

［110］Michael Common, Sigrid Stagl. Ecological economics an introduction ［M］. Beijing: Higher Education Press, 2012.

［111］Michael K Brady, J Joseph Cronin. Some New Thoughts on Conceptualizing Perceived Service Quality: A Hierarchical Approach ［J］. Journal of Marketing, 2001, 65 （3）: 34 – 49.

［112］Nguyen The Cuong, Federico Domínguez, Nguyen Thanh Long, Abdellah Touhafi, Kris Steenhaut. Service composition with quality of service management in environmental sensor networks ［J］. Int. J. of Ad Hoc and Ubiquitous Computing, 2016, 23 （3/4）: 216 – 229.

［113］Parasuraman A, Zeithaml V A, Berry L. Servqual: A multiple-item scale for measuring consumer perceptions of service quality ［J］. Journal of Retailing, 1988, 64 （1）: 12 – 40.

［114］Parasuraman A, Zeithaml V A, Berry L L. A conceptual model of service quality and its implications for future research ［J］. Journal of Marketing, 1985, 49 （3）: 41 – 50.

［115］Quinn J B, Baruch J J, Paquette P C. Technology in services ［J］. Scientific American, 1987, 257 （6）: 50 – 59.

［116］Raymond C Sinclair, Randall Smith, Michael Colligan, Mary Prince, Trang Nguyen, Leslie Stayner. Evaluation of a safety training program in three food service companies ［J］. Journal of Safety Research, 2003, 34 （5）: 547 – 558.

［117］Rust Roland T, Zahorik Anthony J, Keiningham Timothy L. Return on Quality （ROQ）: Making Service Quality Financially Accountable ［J］. Journal of Marketing, 1995, 59 （2）: 58 – 70.

［118］Sanjit Kumar Roy, M S Balaji. Measurement and validation of online financial service quality （OFSQ） ［J］. Marketing Intelligence & Planning, 2015,

33 (7): 11004 - 11011.

[119] Schumpeter J A. The theory of economic development: An inquiry into profits, capital, credit, interest, and the business cycle (1912/1934) [J]. Transaction Publishers, 1982 (1): 244.

[120] Yong Yuan, Zongkai Yang, Jianhua He. An Adaptive Modulation Scaling Scheme for Quality of Services Ensurance in Wireless Sensor Netwoks [J]. American Journal of Applied Sciences, 2005, 2 (3): 734 - 738.

[121] Zeithaml V A, Bither M J. Service Marketing [M]. New York: Mct-Graw-Hill, 1996.